幸福に生きるための33の新習慣

40代からの自／分／革／命

33 New Habits for a Happy Life

Revolutionizing Yourself in Your 40s

ヒデ（大嶋英幹）

KADOKAWA

はじめに

「40代になって体力が急激に落ち、体重もかなり増えてきた」

「最近、家族や若い人たちと話が合わずに悩んでいる」

「『楽しい！』と実感することが極端に少なくなってきた……」

「お金の心配がいつも付きまとい、不安な気持ちが続いている」

「まだまだ若いと思っていたのに、鏡に映る自分の姿があまりにもカッコ悪くて嫌になる」


僕はいま40代半ばの海外起業家ですが、同じ世代の人たちと話をすると、**ネガティブな気持ちで元気がなく、人生を楽しめていない**という声を聞くことが多く、本当に驚かされます。

この本を手に取っているあなたはどうでしょうか？

もし似たような気持ちになっているなら、その事実から目を背けずに、状況を改善す

るために行動を起こす必要があります。

実は僕にも、30代半ばで、自分の人生に対して悲観的になっていた時期があります。

当時の僕は、20代で自ら立ち上げたデザイン会社の代表として、忙しい毎日を過ごしていました。幸いなことに、会社にはひっきりなしに仕事が舞い込み、1日18時間労働は当たり前で、週末や年末年始も働くような生活をしていたのです。

これだけ働いていたので、収入は安定していました。ところが、体はいつもくたくたで、精神面ではストレスを目いっぱい溜《た》め込んでいる状態だったのです。

そのストレスを解消するため、僕は稼いだお金を輸入車や住まいの購入、お酒や外食に費やしていました。

「人は、時間やお金といった資源をあればあるだけ使ってしまう」

あのころの僕は、有名なパーキンソンの法則を地で行くような日々を送っていたのです。

そんな生活は実に非生産的でした。心に余裕はなく、いつも不満を抱えている状態でした。そして何と言っても、僕はいつも疲れていたのです。

自分の体を見ても、メタボ体型でお腹は出ているし、少しでも運動をするとすぐに息が切れてしまうような体力しかありません。僕はまだ30代でしたが、見た目はどう見ても〝疲れたおじさん〟そのものだったのです……。

体力も外見も、かなり衰えているのは明らかでした。

どうにかしないと、この先、取り返しのつかないことになる……。

いつしか僕は、そんな危機感を抱くようになるのです。

そして、人生の方向性を考えながら、のちにメンターとなる人との出会いや創意工夫を通して、少しずつ自分の生活を変えていきました。

気付けば、**人とお金が自然に寄ってくる、過度なストレスを溜めずに、いつまでも若々しく生きるための方法論**を作り上げることができていたのです。

僕は今、本業で様々なことをしています。これまで15年経営してきたデザイン会社では、大手メーカーから地域の団体までをクライアントとして、コンセプトを提案し、さらにはそのコンセプトを実現するためにプロジェクトの現場を取り仕切るディレクターとして顧問をしたりしてきました。海外ではSNSを活用したオンラインサロンを運営したり、また個人や企業のビジネスコンサルティングもしています。
その一方で、「好きな人と、好きな場所で、好きに働く」をモットーに、2年前からX（Twitter）上で自分の力で稼ぐコツを日々発信し続け、2023年11月時点で6・7万人のフォロワーを得るまでになりました。同時に、主に40代を対象にしたオンラインコミュニティでは、人生を逆転させるための具体的なメソッド、健康で若々しく輝き続けるための自分磨きの方法をメンバーと共有しています。

本書は、そんな僕が、自らの人生に迷いを感じている40代の読者の人たちに向けて、人生を大逆転させ、「幸福感を持てる理想の人生」を手に入れてもらうために書いたものです。

その内容は、僕自身が今も実践し、納得のできる効果を得られているので、自信を持っておすすめできるものです。

本書のなかで僕は、理想の人生を手に入れるには、次の「4つの軸」が絶対に欠かせないと強調しています。

①コミュ力・モテ力
②美容・美活
③筋トレ・ボディメイク
④お金の知識（個人で稼ぐ力・資産形成・投資の考え方）

これらの4つの軸を自分のなかに吸収することで、若々しさをいつまでも保つことができ、お金の心配をせずに、自分のやりたいことを思う存分実現する生き方が手に入るのです。

そのために身に付けるべき具体的な習慣や姿勢を紹介していきます。

ただし、4つの軸は短期間で自分のなかに取り入れるものではなく、丁寧に積み上げていくものです。

そもそも、①のコミュ力・モテ力は、一夜にして身に付けられるものではありません。②の美容・美活の効果も短い時間で実感するのは難しいと言えます。確かに対症療法を行えば、一時的な美しさを手にすることは可能でしょう。でも、それは一過性のものに過ぎません。そうではなく、できるだけ自然体で時間を掛けながら美容・美活にこだわっていく必要があるのです。

対症療法的・コスメ的な手段よりも、食事や睡眠、運動などの要素が大事であり、それらをバランスよく取り入れていくほうが、確実に自分を磨いていくことができます。
③のボディメイクによる自信の付け方も考え方は一緒です。今日、筋トレをしたからといって、明日すぐに理想の体型が手に入れられるわけではありません。時間をかけてトレーニングをし、食事についても考えながら、じっくりと時間を掛けて理想のボディメイクを実現していくのです。
④のお金の知識（個人で稼ぐ力・資産形成・投資の考え方）についても、継続的に意識して取り組むことが必要です。

本書を通じて、皆さんにこれらの「4つの軸」を取り込んでもらい、それを新しい習慣として自分の中に定着させ、自分の人生を素晴らしいものに変えていってもらえたら、と思い本書を書いています。

とはいえ、この本を読むだけでは、あなたの人生は変わりません。

読み終わったら、ここに書かれている内容を丁寧に、そしてこつこつと実践してください。1日に1つでもかまいません。それを続けていけば、きっとあなたの人生は大きく変わります。

最後のページを読み終えたとき、心の底から「40代はまだまだ若い」「これからまだ積極的に行動していける」と感じてくれたら、著者としてこれほどの喜びはありません。あとは実践するだけです。

ではさっそく、僕と共に40代からの人生後半戦の戦略に取り組んでいきましょう！

40代からの自分革命

幸福に生きるための33の新習慣

【目次】

Chapter 2 美容・美活を極めて自信をつける

Chapter 3 若さと集中力を保つ筋トレ・ボディメイク 103

Chapter 4 稼ぐ力を高めよう～自分の商品を作り、広めるスキル 133

構成 野口孝行
装幀 菊池祐
DTP エヴリ・シンク

Introduction

人生逆転への4つの軸

40

人生100年時代の今、必要なのは「7掛けマインド」

ここ数年にわたり「人生100年時代」という言葉をあちこちで耳にするようになりました。そのため、「100歳まで生きられる」という考えは、相当な現実味を帯びつつあります。

特に長寿国の日本の場合、「人生100年時代」はより身近なものになる一方です。そんな世のなかを生きているのですから、大前提として、これまでとは異なる「年齢感」でライフプランを立てていくべきだと僕は考えています。

2023年に発表された厚生労働省の「簡易生命表」によると、日本人男性の平均寿命は81・05年、女性は87・09年でした。現時点ですでに男性の4人に1人、女性の2人に1人は90歳まで生きられる時代であり、仮に将来、この数値が100まで伸びるとなると、男性の場合、平均余命は2・5割ほど長くなる計算になります。

この数字を根拠に少しだけ欲張って見積もりをし、3割ほど寿命が延びると想定してみましょう。すると、現在の年齢に7掛けした数字が「人生100年時代」に合わせた想定年齢として割り出せるのです。

例えば、現在44歳の僕は、7掛けするとちょうど30歳。実年齢は44歳なのに、一気に30歳にまで引き戻されると、それだけで楽観的になり、14年前の若々しさとポテンシャル、マインドが蘇《よみがえ》ってくるような気がします。

その一方で、僕は44年分の経験や知恵を積んできているのです。それらを身中に備えつつ、〝30歳に立ち返る〟のですから、どう考えてもいいことしかありません。

人生100年時代に合わせて生きると考えると、〝おじさん〟になるまでの〝お兄さん〟期はかなり先に引き延ばされます。と同時にこれは、歳を重ねながらも若々しくあるための自分磨きを怠るべきではないことを意味します。

40代はまだ、老け込む年齢ではありません。50代への助走として、今やっと加速を始めたばかり。ライフプランを再定義し、100年時代の終着地点まで健康に幸福感を得ながら生き抜くための準備期間と捉《とら》えましょう。その準備に最適なのが、「はじめに」ですでにお伝えした「4つの軸」をバランスよく強化していくことなのです。

「人生100年時代」に突入した今、何を始めるにも、遅過ぎることはありません。む

しろ人生はこれからが面白いのです。

いつかやろうと思いながら、やり残してきた物事はありませんか？　仕事でチャレンジしようと思って先延ばしにしていた企画や提案、プライベートで取り組もうと考えていたアウトドアやスポーツ、語学やＩＴ・会計スキルの勉強も、まだまだこれからの人生で取り組んでいく時間は十分にあります。

40代は、どんなことにでもチャレンジできる年齢です。このタイミングで自分自身を振り返り、自分はこれから何をすべきなのか、もしくは何をしたいと思っているのかを、じっくりと考えてみましょう。ポジティブな気持ちになりながら、未来の自分像を頭のなかに思い浮かべてください。

NEW HABIT

01

新習慣

7掛けマインドなら、40代中盤はまだ「30歳」。自分のやりたいことを見つめ直し、人生を充実させるチャレンジを再開する！

年齢のものさしを会社に置くな

「ああ、自分はもう40過ぎだ」

40代の多くの人たちが、こんなことをつぶやきながら肩を落としていきます。なぜでしょうか？

理由の1つとして、**「自分を〝会社の人間〟としか見ていない」**ということが考えられます。会社に勤めるサラリーマンの大多数は、自分の年齢を定年からの〝距離〟と絡めて考えているからです。そのために、60歳の定年まで勤め、その後は再雇用で働くというプランしか思い浮かばなくなります。

残念な話ですが、こうしたマインドに陥り、既存の思考から抜け出せない人が大勢います。

しかし、今となっては社会が多様化し、入社から定年まで同じ会社で働くというケースはかなり少ないのです。こうした変化を受けて、自分のあり方や人生は、自分自身で見つけ、考えないといけない時代になっています。

そんな状況にあるのに、自分の年齢を会社の定年制度に連動させてしまうのは、実に無意味です。

特に昨今は、定年を迎えるまで会社が自分を雇ってくれるかさえも不透明です。会社が倒産したり、買収されたりすれば、自分の仕事がなくなるケースだって十分に考えられます。

そうした可能性を見越してか、最近では多くの企業が社員の副業を許可し始めました。企業側としては、「将来のことは誰にも予測できないので、自分自身で第2、第3の道は作っておいてね」という考えなのかもしれません。この流れを受け、20代前半の若手社員たちのなかには積極的に副業を始める人がいます。

「自分はもう40代だから、今さら副業なんて始められない……」

こう考えて何もしないのは、やはり得策ではありません。本業の傍ら、「副業にもチャレンジしてみるか」というマインドになれるかどうかは、この先、50代、60代を迎えるにあたり、大きな分岐点になっていくでしょう。

副業から収入を得ようと思えば、今は色々な方法が存在します。第4章で詳しく紹介しますが、いつも使っている手軽なSNSをマネタイズの入口にすることもできるのです。

「SNSは苦手だ」「やりたくない」という発想に縛られていては、時代に完全に取り残されてしまいます。

自分の人生を変えていきたいのであれば、こうしたマインドそのものから抜け出さなくてはいけません。

実は可能性に満ちている日本の〝中年サラリーマン〟

「自分は普通の会社員だし、もう若くはないし、出世も望めない……」

もしもあなたがこうした後ろ向きの考えを持っているとしたら、それは自分の価値観を「今勤めている会社」にしか置いていないことが原因かもしれません。

自らの価値観を会社に結び付けてしまう最大の理由は、「お金」と「時間」だと思います。

ほとんどの人が、会社から支給される給料に頼って生活をしているため、どうしても会社を中心に考えてしまうのです。

しかし、本当にそれでいいのでしょうか。「お金」を稼ぐ方法は探せばいくらでも存在します。今の時代、自分の価値観の中心に会社を据える必要はないのです。

例えば、第4章でも紹介しますが、培ってきた自分のスキルをお金に変えていくことは、正しい方法で取り組めば、誰にでもできることです。20代と比べると、あなたの人脈はかなり広がっているはずです。

友人、知人だけでなく、さまざまな仕事のつながりを活《い》かして、マネタイズの方法を探ってみるのです。

また、40代ともなれば、豊富な知恵や知識がすでに身に付いています。それらを活かすのも、ムダにしてしまうのも、すべてはあなたの行動次第です。

僕自身、X（Twitter）を通じて情報を地道に発信し、フォロワーを増やしてビジネスを拡大していった結果、「好きな人と、好きな場所で、好きに働く」ことができるようになったのです。

Xを始めるまで、僕のことを知っている人はごく限られていました。ところが、Xでの活動が、その状況を完全に変えてしまったのです。

実はデザイン会社を経営するなかで、私にも苦労した時期が何度かありました。その1つが、新型コロナ禍でした。受注が激減して、利益がゼロになったのです。それでも社員の給料や固定費は払わなくてはいけません。

どうすればいいのだろう……。

僕はかなり追い込まれ真剣に考えていました。

そのときに、状況を変えるための第一歩としてSNSを始めました。当時、僕は42歳でした。

その後、様々な試行錯誤を重ねつつ、正しい運用を学び、身に付けると、たった1年で4万人のフォロワーを獲得できたのです。以降、フォロワーの数は順調に増え、今では6・7万人がフォローしてくれています。

この例を見てもわかるとおり、「始めるのが遅い」ということは決してないのです。

変化は僕にも訪れたのですから、望みさえすれば、必ず誰のところにも訪れます。それを信じて、「思考パターンと習慣」を変えてみてください。

ちなみに、SNSが僕にもたらした変化については、第4章でさらに詳しく触れていきます。

新たな分野において最速で結果を出すには、自分の成長の邪魔になるプライドは捨て、自分の理想を叶《かな》えている人との出会いを重視し、素直に学ぶことが最も求められます。僕も実際にそうしてきました。優秀なコンサルタントや専門家との出会いが、後の人生に大きな影響をもたらすことになるのは間違いないのです。

NEW HABIT
02
新習慣

自分が若いかどうかは「会社のものさし」で判断してはダメ。自分の意識次第で生活の変化はいくらでも呼び込むことができる！

4つの軸をバランスよく身に付ける

あらためて40代は、人生の後半戦をスタートするにあたってとても大切な時期です。

僕の経験に照らしても、あとから考えると、**20代、30代は40代のための準備期間だったような気がします。**

では、いざ40代に到達し、ここから人生を輝かせるためにはどうしたらいいのでしょうか？

常日頃、周囲から信頼され、好かれるカッコいい大人でいるためには何をすればいいのでしょうか？

これらを実現するにあたり、何を手がかりにすべきなのでしょうか？

そう思い悩んだとき、ぜひとも道しるべにしてほしいのが、本書で取り上げていく**「コミュ力・モテ力」「美容・美活」「筋トレ・ボディメイク」「お金の知識（個人で稼ぐ力・資産形成・投資の考え方）」の「4つの軸」**なのです。

これら4つの軸は、「はじめに」でも触れたとおり、僕が運営しているオンラインコミュニティのメンバーをはじめ、コンサル生やクライアントにお伝えしているもので、人生を豊かに生きるための指針となるものです。そのコアとなる考え方は、職業や肩書、居住地にかかわらず、誰にでも当てはまる法則であり、人生の後半を理想的なものにするために不可欠な重要なスキルとなります。

これらのスキルを身に付ける上で大切なのは、それぞれの軸に対して「バランスよく」向き合うことです。40代として稼ぎ、他者に好かれながらつながりを持ちたいのであれば、４つの力を均等に身に付けることが欠かせません。

４つのうち、どれか１つでも不足していたら、豊かな人生の実現からは遠ざかってしまうでしょう。

４つの軸のなかには、「個人で稼ぐ方法の身に付け方」「資産を作っていく力」など、その必要性が誰からも理解されやすいものがある一方で、「これからは男性でも脱毛をするのは当たり前」「40代になってもモテる力をつけるべき」といった、奇抜と受け止められかねない内容も含まれます。

しかし僕は、30代後半から40代の方々にとって、これらの要素は長寿社会において絶対に必要不可欠なものだと確信しています。

図1　自分を変えるための「4つの軸」

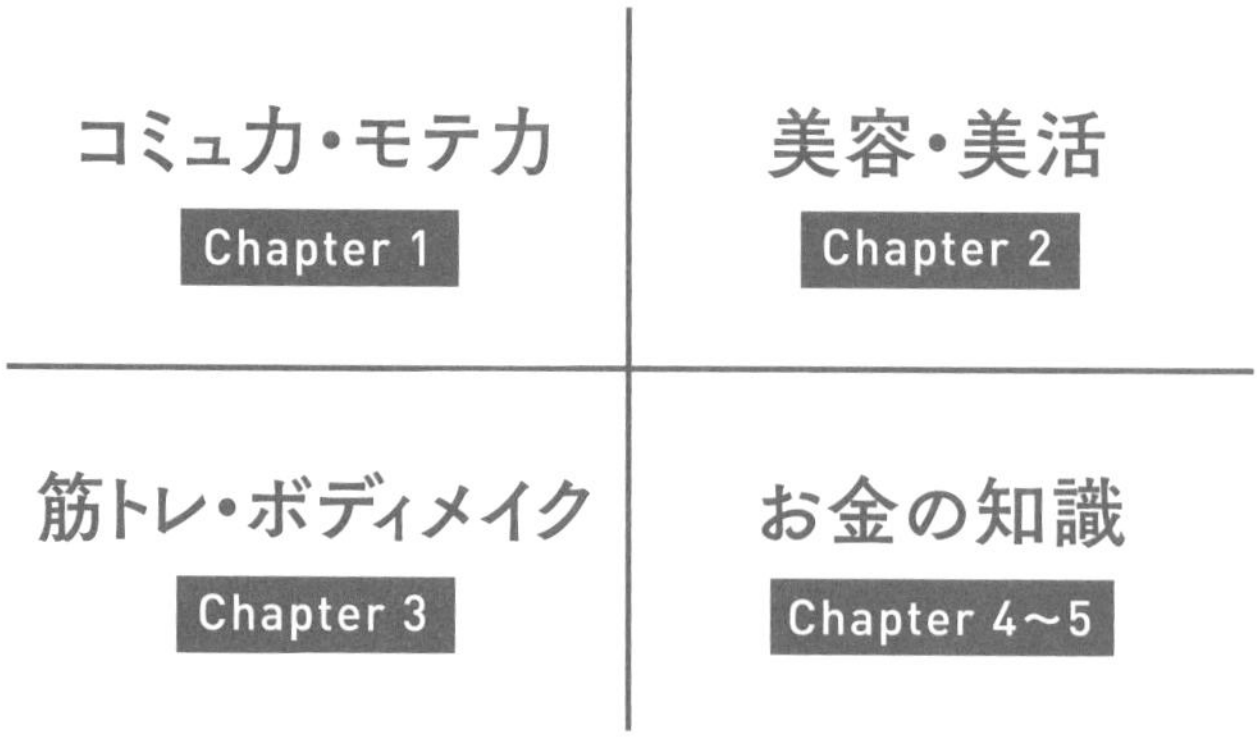

「4つの軸」をバランスよく整える習慣を身に付ける

人にとって、見た目はもちろん重要です。第一印象や外見で選ばれなければ、正直、内面を見てもらえるチャンスは訪れません。この事実は、40代の人にも当てはまります。「もう40代だし、外見はどうでもいいや」と考えるのではなく、外見を良くするための自分磨きに弾みをつけてください。

目指すべきは、自分磨きが外面にも内面にもバランスよく行き渡っている状態です。

例えば、お金は十分持っているのに、お腹がやたらと出ているようであれば、バランスがいいとは言えません。コミュ力は超一流でイケメンなのに、お金がないというのもダメです。

もしかしたら、今の自分の状態は「4つの軸」とはかなりかけ離れていると思うかもしれません。だからといって悲観的になるのは早いです。40代の今のうちに状況を逆転させれば、まだまだ間に合います。心配は無用です。

4つの軸を意識して今からその強化に乗り出せば、1年後には必ず4つの軸の相乗効果が現れます。それを信じて、すぐに行動に移す準備を整えてください。

最後に、4つの軸に連動した各章の内容を紹介していきます。

第1章で取り上げるのは、「コミュ力・モテ力」についてです。「コミュ力・モテ力」は文字どおり、**他者との気持ちの良いコミュニケーションを通じて信頼を勝ち取る力**となります。ビジネスシーンだけでなく、家庭やパートナーとの間でも必要となる基盤と捉えていいでしょう。

第2章では、「美容・美活」の分野に入っていきます。**これからの時代は、女性だけでなく男性にも美しい外見を保つ意識が求められると思います。**その重要性は決して低くなることはなく、これからも高まる一方でしょう。それを踏まえた上で、男性が気を配るべき「美容・美活」について僕なりのアドバイスをしていきます。

第3章のテーマは、「筋トレ・ボディメイク」です。この章では、**自信を持ちながら日々の仕事や人間関係と向き合うために体を鍛え、その効果によって日々のパフォーマンスを高めていくスキル**をお伝えします。

第4章、それに続く第5章では、「お金の知識」について語っていきます。**会社などの所属を超えて個人で稼ぐにはどうすればいいのか。効率良く資産形成するには、何が必要なのか。投資をする際に欠かせない考え方とは……**。「お金の知識」は、それらの疑問に答える知恵袋の役割を果たします。

今現在、40代という時期を迎えるあなたの目の前には、先の長い将来が広がっています。その未来を切り拓《ひら》いていくには、自らの意識変革が必要です。

本書では、その変革を促し、40代となった人たちが今まで以上に飛躍するための手助けをしていきます。

各章で語られる内容を参考にしながら、自らの意識を改め、武器となり得る考え方や資産、外見、体を自分のものにしていってください。

NEW HABIT

03

新習慣

40代からの人生を豊かにするために「4つの軸（コミュ力・モテ力、美容・美活、筋トレ・ボディメイク、お金の知識）」を身に付ける！

Chapter 1

良い人間関係をつくる「本当のコミュ力・モテ力」

40

成功を導くコミュ力の極意

2人称で考える

改めて問いますが、なぜ40代にはコミュ力とモテ力が必要なのでしょうか。

第一に、職場や家庭、親族の中心として、年配の方とコミュニケーションを取りつつ、その一方で、若い人とも良好な関係を築いていく必要があるからです。

当然ながら、コミュ力やモテ力が発揮できれば、夫婦間や子どもとの良好な関係を築けるでしょう。さらにその環境が、自分の仕事にもいい影響を与え、理想の人生を実現させていく際の大事な要素になります。

これまでは、単線的な企業のキャリアレールの上に乗り、仕事関係の人との関係さえ良好であれば、ある程度充実した人生や生活が保障されてきました。

しかし、**今や個人が自分のキャリアや老後を考え、真剣に自分の生き方を模索し、カ**

スタマイズしながら仕事や活動を行う時代に変わりつつあります。

そんな新しい時代を生きるには、業界や業種、ときには国籍を越えて、未知の人たちと関わりながら議論をしたり、作業を共にしながら、新たな価値を創造していく必要があります。その環境に身を置くことは、刺激的であり、自らの成長にもつながっていくことでしょう。また、これまでの人生経験やスキルを活《い》かすこともできるはずです。若い人たちとの関わりを持つことで、彼らから何らかのイノベーションを起こすヒントを得られるかもしれません。

これらをすべて可能にするために**必須の土台となるスキルが、コミュ力でありモテ力、すなわち他者に好かれる力**なのです。

そこで本章では、40代で逆転したい人、これまで以上に活気ある人生を送りたい人にとって、重要なスキルとなるこれらの力について解説していきます。

まず、他者とのコミュニケーションで大切なのは、何と言っても**「2人称で考える」**という姿勢です。ここでいう「2人称」とは、目の前の対話の相手、やり取りの相手（あなた）を意味します。それを意識して相手目線に軸を置き、会話などのやり取りを行うように心掛けるのです。

ところが、年を重ね、〝おじさん〟と呼ばれる年代に差し掛かると、なかなか目の前の相手を意識できなくなり、完全に自分の目線だけに立って、それまでの人生で得た知識や経験を長々と話そうとしてしまいます。

特に相手が年下の人や異性だったりすると、「自分の話を聞かせたい」という気持ちが強くなり、自分の話だけを一方的にして満足感を得ようとするのです。

例えば、**「嫌われる40代」は、職場や家庭内で注意やアドバイスをするときに、嫌味だと思われてしまうのです。**これでは相手に不快感を与えるだけで、何も生み出しません。言われたほうは「もっとほかに言い方あるんじゃないの？」と感じてしまいます。

一方、**「好かれる40代」は、注意やアドバイスを伝えるにしても、まずは相手の話をすべて聞き、自分が話すタイミングが訪れるのを待って相手の立場に寄り添った言葉で表現できます。**「好かれる40代」は、自分の成功体験をひけらかすこともしません。むしろ、失敗した経験を自慢話のように披露できるユーモアを兼ね備えているものです。

相手が異性であれ同性であれ、「自分を見習ってほしい」といくら伝えたところで、手放しで見習おうと思ってくれる人はいないでしょう。ところが、相手が自分に好感を持ってくれれば、こちらの意図は確実に伝わりやすくなるのです。

2人称で考える習慣を身に付けるには、「7：3の法則」を取り入れてみてください。相手と自分との2者間でコミュニケーションする際には、7割の時間は相手の話を聞き、自分が話す時間は3割に留《とど》めるのです。

あなたに相談をしてくる人の多くは、あなたの答えを求めているのではなく、「聞いてほしい」と思っているのです。にもかかわらず、求められてもいないアドバイスをしてしまえば、確実に印象は悪くなります。

2人称で考えることができていれば、アドバイスを与えるのではなく、相手の話に耳を傾けながら気持ちを寄り添わせ、相手が自分で答えを見つけられるようにすることのほうが大事だとわかるはずです。

良いコミュニケーションをするには、「あなた」がいるからこそ「自分がいる」という考えを常に意識するようにしましょう。自分の話をするのではなく、まずは相手の話に耳を傾け、相手に寄り添う形でコミュニケーションを取ることが40代以降の大人には必要です。

実際にこれができている人とできていない人を見比べてみると、ビジネスや日常生活などの場面で、大きな差が出ていることがよくわかります。例えば日常生活で言うならば、パートナーとの付き合い方から、性生活に至るまで大きな違いが生じてきます。

自分目線を軸に置いて生活をしている人は、外からのいい影響を受ける機会を自らシャットアウトしてしまうため、自分自身の成長や変化を止めてしまう傾向があります。こうした事態を避けるには、相手目線を重視して、「2人称」で考えながらコミュニケーションを取っていくことが不可欠なのです。

「また会いたい」と思ってもらえるためにすべきこと

「また会いたい」と思われたいのなら、まずは自分のことは脇に置き、とにかく相手の立場になって接することです。

自分と過ごしていて「楽しかったな」と感じてもらえる瞬間が多ければ多いほど、相手は「また会いたい」という気持ちを持ってくれます。それがなければ、「また会いたい」という感情は生まれません。

大切なのは、物事を「自分マター」にしないことです。自分を中心に置くのではなく、あくまでも相手の視点に立つように心掛けます。「私は……」という1人称の姿勢ではなく、「あなたは……」という2人称の立場を優先して向き合えば、相手は必ず居心地の良さを感じてくれるでしょう。

相手に仲間意識や一体感を持ってもらうことも、コミュニケーションを図る際には大切です。

例えば、**僕がクライアントと仕事をするときは、初対面の段階から「私たちのこのプロジェクトは……」という言い方をします。**その理由は、相手と共にプロジェクトをより良くしたいとの思いを伝え、そして自分自身にも思いを込められるからです。こうした姿勢を示すことで、クライアントは仲間意識を感じ、共にいい結果を目指そうと自然と思ってくれるものです。

大事なのは、自分から相手に思いを寄せること。それによって、どんなトークスキルよりも気持ちは届きます。

あなたは会議中に「私たちは……」という言葉を口にしていますか？「私はこう思う」と強く主張し、自分の意見を前面に出していないでしょうか？　相手との関係は、小さな心掛けから大きく変わります。

僕は仕事で、様々な立場の人との価値観のズレを修正します。その方法は、プロジェクトのサイズ、メンバーの年齢や役職によって変わります。

人はどうしても「自分の意見は正しい」と思いがちです。しかし、相手の価値観を強引に変えようとすると、強いストレスを与えるだけです。それより大事なのは、相手の価値観を受け入れよう、認めようとする姿勢を持つことです。

「相手の視点に立つ」ことで、仕事だけでなく家族との関係のなかでも自分を魅力的な存在へと変えていけます。自分から相手に思いを寄せられれば、子どもたちには「カッコいい親」として映りますし、パートナーからも「素敵な相手」として見てもらえるでしょう。

相手が誰であれ、「この人と共に時間を過ごしたい」「また会いたい」と思ってもらうには、まずは相手を第一に考えながら接する必要があるのです。

NEW HABIT
04
新習慣

常に「2人称」で考える！　相手の話を聞き、相手に寄り添う姿勢こそが、他者を自分に引き付けるきっかけになる。

忘れてはいけない「笑い」や「楽しさ」の提供

笑いが溢《あふ》れるところには、人が必ず集まってくるという法則があります。この法則の正しさを証明しているのが、テレビのお笑い番組です。テレビを見る人が減っていると言われていますが、お笑い番組は相変わらず人気を誇っています。

多くの人が笑いに関心を寄せるのは、日常生活で苦しいことがあり、その苦しみを笑いによって吹き飛ばしたいと感じているからではないでしょうか。

実際、笑いに大きなプラスの効果があるのは間違いありません。僕の実体験から言うと、どんなに苦しかったり、難しかったりしても、**打ち合わせや現場で笑いが絶えないプロジェクトは最後には良い結果で終わるケースがほとんど**です。

例えば、僕が関わっているプロジェクトの1つに、東京都板橋《いたばし》区の診療所が行う在宅ケアがあります。僕は立ち上げ当初から、プロジェクト全体の方向性を指揮するクリエイティブディレクターという立場で組織の成長をお手伝いしてきました。

板橋区は日本の中で診療所が多いエリアであり、なかでもこの診療所は在宅での看取りを推奨し、それを実践する診療所として地元では有名です。

このプロジェクトに携わったのは今から約10年前で、当時はまだ8名ほどのスタッフでスタートしました。それ以降、地元地域での関心が高まり、今では全国から400名ほどのスタッフが集まる大きなプロジェクトに成長しています。

そもそも病院では、働くスタッフが人の死や命に触れることになります。そのため、働いているうちに自らの心を疲弊させてしまう人も少なくありません。使命感に溢れ、やる気に満ちてはいるけれど、心はボロボロという状態のスタッフが多く、離職率は高止まりしていました。

そのとき、プロジェクトに関わりながら僕が感じていたのは、「笑顔が足りない」ということでした。スタッフは患者さんのことを第一に考えて「I love you.」という姿勢で常に働いていました。それはとても素晴らしいことなのですが、しかしよく見ると、「I love me.」という気持ちをどこかに置いてきてしまっているようでした。

そこで僕は、**「『I love you.』も大事だけど、『I love me.』という状態を作りましょう」**と提案しました。なぜなら、自分を丁寧に扱える人こそが、相手のことも自分自身と同じように捉《とら》えられ、リスペクトや感謝を込めて「You're you.」（あなたはあなたのままでいい）という姿勢で寄り添えるからです。

この考え方は、アメリカの心理学者カール・ロジャーズによるもので、心理学を通して僕が得られた大切なマインドでした。

あるとき、ロジャーズ博士は「どうして僕の人生は、子どものころからずっとつらいことばかりが起こるのでしょうか？」という質問を学生から受けたそうです。すると、ロジャーズ博士は「君が君になるための宿題だから」と答えました。さらに「君の人生だ。失敗してもいい。君ならきっとそこから学ぶだろう。失敗した君だって愛している。

私はあなたの最大の味方だ。I love you because you are you.」と続けたと言います。

僕はこのエピソードを心理学の授業で学び、相手に寄り添う力がどれだけ大切か強く知ることになったのです。

プロジェクトの話に戻りましょう。

診療所というのは「命の現場」であり、失敗は許されません。そんな過酷な現場だからこそ、I love you. をI love me. にする必要があると僕は強く感じました。

仕事はある種の共同作業であり、相手プレーヤーをリスペクトする気持ちを持ちながらも、一方で自分らしさを忘れずに、それぞれの力を掛け合わせていく必要があります。その考えを念頭に置き、お互いの能力をうまく重ね合わせ、一体感を生み出していくことをも僕は目指したのです。

スタッフが提案の意図をしっかりと理解してくれた結果、しばらくすると、チームの雰囲気はがらりと変わっていきました。その結果、いつの間にか仕事をしながら笑いや笑顔が出てくるようになったのです。そこからは、スタッフ間の結束が一段と固くなっていきました。その変化を見ながら、「笑い」や「笑顔」は人間にとって本当に大切だなと痛感したのです。

コミュニケーションに関して気を付けるべき点を細かく挙げていったら、延々と見つけることができます。ただし、**コアとなるのは「笑い」や「笑顔」「楽しい」という感覚**なのです。これをないがしろにして細かい部分でいくら繕おうとしても、人とのコミュニケーションはいつになっても改善していきません。「笑い」「笑顔」「楽しい」という感覚は、いかなるときにも絶対に忘れないでください。

相手に自己重要感を与えることがコミュ力をアップさせるコツ

コミュニケーションを図る上では、相手を尊重し、さらには相手に自己重要感を持ってもらうことも大切です。これがうまくできると、相手は間違いなく「あなたにまた会いたい」と思ってくれるでしょう。

仕事上、僕はコミュ力が求められる場面にしばしば直面します。例えば、ディレクターとしてプロジェクトのリード役を任されるときは、チームのメンバーとのコミュニケーションに心血を注ぐ必要に迫られます。プロジェクトが立ち上がると、まずは会議を開き、メンバーの人たちと話し合いをしつつ、信頼関係を築いていくのです。

本書を書くにあたり、これまで手掛けてきたプロジェクトのフォルダを確認してみました。すると、過去15年間でなんと800回の案件会議をしていることがわかりました。僕はそのたびにプロジェクトがうまくいくことを願い、自らのコミュ力を発揮してきました。

例えば、1時間の会議をする際にも、相手の意見を尊重しながら意見を引き出すようにして、取り残される人が出ないように進めることにしています。実際、僕がディレクターとして出席した数多くの会議も、相手の意見にしっかり耳を傾けながら進めていきました。

しかしそれでも、自分と合わない人に遭遇したり、チームそのものが一枚岩になっていかないプロジェクトはいくつもありました。

そんなとき、僕はなるべく早い段階で笑みを浮かべて握手をするように心掛けています。さらにその次に会うときは、場違いでもあえてハグをして相手との間に漂う雰囲気を変えようとするのです。

時折、息が詰まりそうな堅苦しい打ち合わせに、外部スタッフとして参加することもあります。面白くなさそうな顔をして厳しい意見ばかりを言う中年の上司の姿を前に、部下たちはとても退屈して、つまらなそうな顔をしています。こういう場面では、面白いことを言って笑いを取ったり、緊張感をほぐすような発言をすることが大切です。

会議の席では、出席したメンバーに「**あなたはこのプロジェクトに必要だよ」という意思が伝わるように接し、リスペクトの気持ちを示していくこともあります。**それと同時に、「**あなたが得意なものは何？**」と事前に尋ね、相手のストロングポイントをあらかじめ理解しておくことも重要です。相手を思いやるこうした会話を重ねていくと、堅苦しかった会議の雰囲気も次第に崩れ、１人ひとりが会議に積極的に加わってくれるようになるでしょう。

僕は10代のころから音楽をやっていた経験があるため、いつも会議をセッションだと思うようにしています。音楽のセッションでは、自分の楽器の音だけに気を取られていたら、調和は生まれません。相手の楽器の音やリズムを聞き、各パートがそれぞれの持ち味を活かしつつ、全体で1つの感動的な楽曲を奏でられるようになることが重要なのです。

会議でも同じことが言えます。各メンバーがそれぞれ好き勝手なことを言っていたら、会議はうまくまとまりません。それが結局、成果にも悪い影響を及ぼします。

そこで求められるのが、自分が一歩引き、相手の自己重要感が高まるように気遣ってあげることなのです。相手の自己重要感が高まり、満たされたと思ってくれれば、巡り巡ってこちらの意見も通しやすくなります。相手とのコミュニケーションを取りながら、お互いに納得できる距離感を探すことが大事です。

会議ではなく、1on1（ワンオンワン）の面談でも同じです。

嫌われる40代は、すぐにベストアンサーを見つけようとし、そして決めようとします。強引に解決策を押し付けたり、相手の考えるチャンスを奪う「ローサポート・ハイコントロール」に走りがちなのです。

その一方で、好かれる40代のスタンスは違います。「ハイサポート・ローコントロール」の姿勢を崩さず、相手に配慮しながら自己重要感をより高める質問をし、共に解決策を探ることが楽しいと思わせるようなプロセスを大事にします。


例えば、このような相談を受けたとしましょう。

「頑張って仕事をしているのに、結果を出せない。自分はこの仕事に向いていないんじゃないか……」

そんなとき、嫌われる40代は「弱気になってたら、ダメじゃないか」と叱ったり、「大丈夫！　自分にもそんなときがあった。やればできる、頑張ってくれ」と無責任に励ましたりしてしまいます。

ところが好かれる40代は、否定もしなければ、アドバイスもしません。その代わりに、「自分なりに頑張っているのに結果が出ないんだね。そのせいで、君がこの仕事に向いていないんじゃないかと不安のようだね」と、相手に寄り添う姿勢を見せるだけです。

こうした言葉を自然に投げ掛けられれば、相談してきた側は、「そうなんですよ。聞いてください。実は……」と、自ら心を開いてくれます。

相手がそこまで打ち解けてきても、否定やアドバイスをする必要はありません。相談してきた本人のそれまでの努力や、背景にある思いに寄り添うだけに留めます。その後、本人が自らの気持ちの整理を終え、ようやく前を向いて1歩を踏み出そうとしたときに、**「あなたなら、きっとできる。応援しているよ」と声を掛けてあげるだけで十分なのです。**

コミュ力の高い人は、こうしたコミュニケーションを取りながら会話のキャッチボールを行っていきます。それを通して、相手が自分で問題を解決し、自力で前進できるように導いているのです。

相手が先で、自分はあと。どんなケースでもこの順番が非常に大切であり、逆になってしまうと、うまくいくものもうまくいかなくなります。

このスタンスでコミュニケーションをすると、相手はあなたに対して「また会いたい」「また一緒に仕事がしたい」と思ってくれるでしょう。

コミュニケーションがうまくいかないことがあると感じている人は、「相手が先で、自分はあと」という考えを取り入れてみてください。相手とのコミュニケーションはきっとうまくいくはずです。

NEW HABIT

05

新習慣

メンバーに自己重要感を持ってもらうことができれば、リーダーとしての役割を担う存在に成長できる。

「40代からの禁断のモテ力」

「ラポール」を築くことが成功の秘訣

40代になっても、やはり人間関係の悩みや問題にぶつかることはたくさんあります。

そんなときは、一度立ち止まって、原因や本質をじっくり考えながら、長い時間をかけて問題を解決していく姿勢が大切です。

例えば、女性との仲たがいやすれ違いを「お金」で解決しようと考えている40代の男性がいたとしたら、それはまさに「対症療法」に頼ろうとしている以外の何物でもありません。お金の力を使って異性と関係を築いたり、トラブルの解決を目論《もくろ》んでいたりするのなら、それはかなりカッコ悪いことです。

心理学の用語に「調和した関係」「心が通い合う関係」という意味の「ラポール」と

いう言葉があります。ラポールは、日本語では信頼関係と訳されます。

もしも好かれたい相手との関係を深めたいのなら、「原因療法」を取り入れて、時間を掛けながら丁寧に相手とのラポールを築くべきです。

場合によっては、「お金」という対症療法を使うことで、相手が自分のほうに振り向いてくれることもあるかもしれません。ただし、こうした関係は「お金」が介在しなくなった途端に一瞬で崩れ去る可能性をはらんでいます。

ラポールを醸成することなく短期間で築いた関係は、実に壊れやすいのです。

例えば、ラポールの形成において僕が大切にしているのは、相手の価値観や状態を理解し、何よりも相手の世界観を尊重することです。

例えば自分のパートナーとアート展に行ってみてください。正解のないアートの世界で相手が何を感じるのか、非言語の時間でどういった作品に足を止めるのか、そして2人の会話がどういったところで弾むのか、お互いの呼吸を確認し合うのです。こうしたことに丁寧に取り組んでいくと、その人との信頼関係はより深くなっていきます。

クリエイティブの現場でディレクターという立場で、僕はクライアントと共に答えのない未来を探り、ビジョンを作り出す状況に立たされます。**そのビジョン作りのために**

クライアントと一緒に美術品や建築やアートを見て回り、その世界に浸り、感性を高め合いながら共同作業をしていくことを意識しています。

アートを鑑賞し、自分と相手との共通点を見つける作業をしていると、ふと、お互いの趣味が似ていたり、同じような過去をたどってきたことなどに気付いたりするときがあります。こうしたプロセスを繰り返して、信頼関係のある未来へのビジョンができていくのです。

ここで、もう1つスマートな考え方をお伝えします。

「マリーシア」という言葉を聞いたことがあるでしょうか。マリーシアはポルトガル語で、直訳すると「ずるがしこい」という意味の言葉です。人とのコミュニケーションを図る際、僕はこの「マリーシア」の力が重要だと考えています。

この言葉はもともと、サッカーのプレーを形容するためによく使われていたようです。マリーシアの要素は、特にフォワードの選手に必要だと言われ、例えば、アルゼンチンの代表選手のリオネル・メッシは「マリーシア力が高い」としばしば評価されます。

ただし、人間関係について使う場合は、必ずしも「ずるがしこい」という意味ではなく、相手の動きや相手がしようとしていることを理解して先回りすることで、ある特定の結果を導き出す気遣いを表します。そのため、恋愛と絡めて使われることがよくあります。

例えば、パートナーが求めているものが何なのかを理解した上で、先回りして、相手の要求に応《こた》えるようにエスコートし、2人の関係をスマートに親密なものにしていく姿勢を「マリーシア」と呼んだりします。

自分本位でエスコートの仕方を先に決めるのではなく、その時々の相手の気持ちや動きに沿いながら、最高な状況を作り上げていく方法とでも言えばいいのでしょうか。

最初から型にはまらずに、グレーな部分も残しつつ、臨機応変にやり方を変えていくというのが、マリーシア的考え方の最大のメリットです。こうした姿勢も相手とのコミュニケーションに取り入れていってください。

NEW HABIT
06
新習慣

好かれたい相手とはラポール（信頼関係）を築くことを最重視する！　相手との共通点を見つけて2人の価値観の重なるポイントをつかむこと。

見返りを求めるからあなたはモテない、好かれない

好かれたい相手との関係を築いていく上でとても大切なのは、**相手に見返りを求めない**ことです。

例えば、食事をご馳走《ちそう》し、食後にラウンジでお酒を飲んだとしましょう。この時点で「ここまでしてあげたんだから、このあとに手ぐらいつないでもいいだろう」と考えたりする人がいます。

こんなふうに見返りを求めがちなのですが、あまりにもあからさまだと、相手からはすぐに見透かされてしまうでしょう。

最悪の行動は、「楽しかったよね？」「感謝してるよね？」という態度を臆面《おくめん》もなく表に出してしまうことです。

そうではなく、相手に気付かれないように、どこまでも心遣いのある行動を取らなくてはなりません。

例えば、パートナーとデートをするとき、相手がヒールの高い靴を履いてきたのに気付いたとします。このような場面では、すぐに機転を利かせ、長い時間歩かせないデー

トコースにするという心遣いが求められます。訪れたレストランの室温が低ければ、「寒くないかな」と相手を思いやる姿勢が必要なのです。

こうした気持ちでパートナーに接していると、必ずどこかでこちらの心遣いに気付いてくれるタイミングが訪れます。相手が自分で気付いたときの感激は、こちらが示すよりも何倍も大きなものとなるはずです。そのとき相手は、**「自分はパートナーから本当に大切に思われていたんだ」という事実に感動してくれます。**

お金を使って毎回ゴージャスなデートをするよりも、こうした心遣いを毎回重ねるほうが確実に相手から喜ばれます。

相手に理解を求めようとせず、反対にいつも相手に対して心遣いができている人は、誰からも「また会いたい」と思ってもらえるのです。結果として、こちらから求めることなく自然に〝見返り〟を得られるのです。

おもてなしを感じさせないのが「一流のホスピタリティ」

人間関係を円滑にする上で大事なのは、相手を気遣うホスピタリティだと思います。40代になったら、こうしたホスピタリティを身に付けるべきです。

では、どうやったらそれを身に付けられるのでしょうか。僕がいつも参考にしているのは、高級ホテルが実践しているホスピタリティです。

東南アジアを中心にホテルを運営しているアマンリゾーツという企業があります。この会社を創業したのは、インドネシア出身のエイドリアン・ゼッカという人物です。

ゼッカが追求しているコンセプトは、簡潔に言うと「ライフスタイルの創造」です。世界各国にあるアマンリゾーツのホテルは、このコンセプトがベースとなって運営されています。

興味をそそられるのは、アマンリゾーツのホテルに行くと、着飾った〝おもてなし〟がないという事実です。

日本では、東京の大手町《おおてまち》にアマン東京があります。利用した人はわかると思いますが、このホテルに行くと、まず初めにエントランスがわからなくて困ることになるのです。

どうにか自力でエントランスを見つけようとすると、高級ホテルとは思えないくらいの小さな入口が目に入ってきます。疑心暗鬼になりながらエントランスをくぐって通路を進むと、突如、広い空間が目の前に現れます。僕はそれを見た瞬間、「茶室のエッセンスを取り入れたんだな」と思ったのです。

このようなスタイルにしたのは、**体験的な演出を念頭に置き、利用後にもう一度ホテルのエントランスを思い出してもらおうという考えがあったのかもしれません。**

高級ホテルの場合、エントランスが豪華で立派だったら、利用者にインパクトを与えることができるでしょう。ところが、アマン東京のインパクトの与え方は、通常の高級ホテルとはまったく違っているかのようです。エントランスの場所がわかりづらく、利用者だけが知っているとなれば、「自分だけが知る隠れた特別なところ」という感覚を抱くことができます。

「ホテル側が積極的に指し示すのではなく、顧客自身によって能動的に気付いてもらう」

エイドリアン・ゼッカのコンセプトが詰まったホテルには、そんな仕掛けが施されたものが多く、特別感があるのです。

考え方によっては、「親切ではない」と受け取る人もいるでしょう。ホテルのエントランスがどこにあるかわからないとなれば、そう感じる人がいてもおかしくはありません。

ただし、別の見方もできるのではないでしょうか。ありきたりのホスピタリティではなく、いつまでも印象に残る思い出を提供したいという気持ちがホテル側にあったとすれば、アマン東京のホスピタリティは最高レベルのものだと言えます。

このように、**一流のホスピタリティは受け手がもてなされていることに気が付かないケースがあるのです。**相手が「ホスピタリティ」であることを主張せず、自然体でもてなしてくるため、受け手は何となく心地良さを感じたり、目にする情景美に心を奪われたりしますが、その場ではそれがホスピタリティであることに気付きません。ところが、その場を離れて少しすると感動が蘇《よみがえ》り、「ホスピタリティ」だったことに気付かされてハッとするのです。

先にインパクトを与えるのではなく、体感を通して受け手の心や思いに触れ、心地良さを提供するタイプのホスピタリティは、相手に深い印象を残すことを覚えておくとい

いでしょう。

NEW HABIT
07
新習慣

言葉より体感や印象に残り、あとから最高のおもてなしだったと本人が気付いてこそ、一流のホスピタリティだと心得る。

パートナーへの「ギブ」を最優先してみる

ここで少し踏み込んで、男女間の〝性生活〟の話題に触れてみます。断るまでもなく、このテーマについては男女間の理解の差に大きな隔たりが存在しているのではないでしょうか。

実際のところ、多くの女性は肌と肌で触れあったり、相手に対する愛情を示し合ったりすることに重きを置いていたりするのです。

こうした感覚の違いがあるため、ナイトワークの際に気持ちを通わせることができず、距離を生じさせてしまうケースが多々あります。

この違いを理解しないままでいると、女性をエスコートするという形がいつまでも作れず、エスコートする側は常に女性というパターンに陥ってしまいます。

夫婦間のセックスレスの原因の1つとして、女性側の〝エスコート疲れ〟があるのは間違いないでしょう。ナイトワークで重要なのは、しっかりとした信頼関係を築きながら、相手を思いやることなのです。男性は、そうした状況を作ることにもっと注力するべきでしょう。

そうは言っても、実際に何をすればいいのかわからない人もいると思います。その場合は例えば、女性雑誌や女性マンガを読んだりし、女性がパートナーに何を求めているのか調べてみるのも1つの手です。

筋トレや体重管理をするだけが自分磨きではありません。**相手が喜ぶことをしてあげるために、勉強し、知識を得るのも自分磨きに含まれます。男性目線ではなく、女性目**

線でナイトワークをもう一度見つめ直してみてください。そしてさらに、日常全体にその意識を広げていってください。

そもそも、パートナーとのナイトワークは、お互いに「おもてなし」をし合うことです。これがどちらかからの一方通行になってしまうと、スムーズなナイトワークとは言えません。どちらかがおもてなしを受けるばかりで、一方だけが満足するような形になってしまったら、スマートな40代とはいえません。

理想的な形はやはり、お互いが相手のことを思い、おもてなしをしてあげることだと思います。自己中心的にならず、気持ちの余裕があれば、両者にとってプラスに働くはずです。

気持ちを通わせるには、相手目線でエスコートする姿勢を保つべきです。信頼を高め、お互いの関係を深めることができれば、双方が同時に満足感を得られます。

このことは、ナイトワークだけに限りません。誰かとコミュニケーションをする際は、おもてなしは常に自分からするべきです。最初にこちらから行動を起こし、そのあとに相手から「今度は私がお返しをしてあげる」と言ってもらえるように心がけてください。

ギブ・アンド・テイクという言葉がありますが、恋愛相手とコミュニケーションをするときには、基本的にギブだけでもいいくらいです。パートナーのことだけを考えるトップギバーを目指しましょう。

それを実践していると、相手も必ずこちらにギブをしたくなります。その状態になったら、素直に相手からのギブを受け入れればいいのです。その好意を「ありがとう」と言って受け取ると、相手は「お返しすることができた」と思い、幸せな気持ちに浸れます。こうした気遣いを通し、心の奥底からパートナーに喜んでもらうのが理想です。

男性の場合、相手を喜ばせようとしたときに、花をプレゼントしたり、レストランに招待したりするなど、何かと物理的なものに頼る傾向があります。特に40代ともなると、お金に余裕があるので、その傾向はいっそう顕著になりがちです。ところが、女性の心理からすると、プレゼントや食事は特別な記念日だけで十分と考えていたりします。そんなことよりも、ラポールを高めるための心配りをしたほうが喜ばれるでしょう。

こちらがしたことを覚えてくれるのは、圧倒的に女性のほうが多いです。男性とは違い、女性は本当に細かいところをよく見ています。それを理解して、女性にはいつも丁寧に接することです。まずはこちらが心配りをし、その後、お返しを感謝と共に素直に受け取るだけで、女性はとても安心します。その安心感が「この人じゃなきゃダメ」という感情を女性の心に湧き立たせるのです。

もちろん、物理的なおもてなしも時には大切でしょう。しかし、それだけではないことを忘れないようにしてください。

NEW HABIT
08
新習慣

相手をエスコートする姿勢は男女共に必要なもの。ギブ・アンド・テイクよりはまず「トップギバー」として相手に尽くす。

小さな気遣いは大胆なプレゼントにもまさる

パートナーの好みを知る努力をし、それを忘れないでおくことも、相手から好かれるために大切なことです。人は普段、何気なく自分の好きなものを話題にしていたり、何気ない行動のなかに好みが表れていたりします。

デートをしていて、スターバックスでいつも注文しているメニューを見れば、どんなものが好きかすぐにわかります。好きな食べ物や飲み物などの話題が出てきたら、それを覚えておき、どこかのタイミングで買って、後日プレゼントすれば、きっと喜んでくれるでしょう。

たったそれだけのことです。相手の好きなものを頭に入れて、それをプレゼントするという行動は、その人を大切に思っているからこそできるのです。そうした気持ちは、相手に確実に伝わります。

女性との関係を良好にするには、自分の中で「当たり前」の度合いを高めておくことも大切です。

例えば、「相手がヘアスタイルを変えたら、それを褒めてあげるのが当たり前」「相手が重たい荷物を持っていたら、持ってあげるのが当たり前」というように、たくさんの「当たり前」を作っておきます。褒めると言っても、べた褒めするというわけではありません。大切なのは、相手の変化に敏感な態度を見せることです。

少し極端と思われるかもしれませんが、パートナーのバイオリズムを把握しておくのもいいでしょう。

女性にとってのバイオリズムの重要性は、男性のバイオリズムとは次元がまったく異なります。バイオリズムの状態によって、女性は感情を大きく揺り動かされます。そのため、パートナーのバイオリズムの状態に合わせて動ければ、相手との関係は驚くほど大きく改善されるはずです。

「今日はこんな気分の日じゃない？　大丈夫？」

こうした何気ない気遣いをしてあげたら、「この人はどれだけ私のことを思ってくれているの？」と幸せな気持ちになってくれるでしょう。

男性にはないことだからこそ、理解する努力をし、寄り添うのです。相手はそうした男性の姿勢に感謝してくれます。

体に関することなので、バイオリズムについて聞く際には注意が必要です。特に相手との付き合いがまだ浅い場合は、気を付けてください。ただし、夫婦であれば、問題はほぼないでしょう。

これをするだけで、夫婦間には強い信頼関係が生まれます。40代で経済的にも社会的にも成功を手にしている人の多くは、こうした気遣いをさりげなくしているのです。

NEW HABIT

09

新習慣

相手を大切に思う気持ちは、必ず伝わる。相手のちょっとした変化にも敏感になり、さりげなく声をかけられるようにしよう。

Chapter

2

美容・美活を極めて自信をつける

40

あなたが美しくあることで喜ばない人はいない

人間の寿命が延びるにつれ、人生における〝中年期〟は確実に長くなっています。一般的に中年期は40歳から64歳くらいまでのことを指し、65歳からは老年期に入っていきます。今は70歳でも若々しい人は多く、中年期が年々後ろに延びています。同時に、40歳になったばかりの人には、まだまだ青年のような人もたくさんいるため、年齢だけで線引きするのはますます難しくなってきています。

年齢によるグループ化があいまいになり、以前なら〝おじさん〟と呼ばれて一括《ひとくく》りにされてきた40代の男性たちも、美容や美活に興味を持ち始めています。

美容や美活と言えば、女性だけが興味を持っていましたが、近年、状況が変わってきているのです。

ただし、実際には少しずつ変わってきているだけで、40代の男性で実際に美容や美活に時間を掛けている人はまだまだ少数派です。皆さんの周りを見渡しても、40代の男性で脱毛サロンに行ったり、全身サロンに行ったりしている人はかなり少ないのではないでしょうか。**この現状は、すでに美容や美活に関心を持つ40代男性にとって、大きなア**

ドバンテージになり得るものです。

女性にとって美容や美活は生活の一部であり、それによって自分磨きをしたり、ケアをしたりするのは当たり前のことになっています。そのため、男性が美容や美活に気を使い出したとしても、まったく違和感を持ちません。

この状況で、**もしも40代の男性が実際に美容や美活を始めたとしたら、女性は確実に好感を持ってくれる**でしょう。

しかも、周りの男性で美容や美活に気を使っている人はほぼいないため、自分だけを際立たせることができ、女性からは考え方が柔軟な人として見てもらえるのです。

若々しくて美しければ、相手に「この人の話に耳を傾けてみよう」「また会いたい」という気持ちを抱いてもらえます。

こうなると、プライベートでも仕事でも確実にプラスの効果を感じられるでしょう。自分を美しく保つことによるネガティブな影響は1つもないのです。

僕自身、40歳になるまで、美容や美活と言えば化粧水を塗るくらいのことしかしていませんでした。それが今では考え方が変わり、脱毛サロンに通っています。

事実、美容と美活を始める前の40歳のころの僕自身の写真を見返すと、そこに写っているのは、完全にくたびれたおじさんの姿です。ところがその後、考え方を変えることができたおかげで、今では実年齢よりも下に見てもらえるようになりました。

これまで美容や美活らしきものを何もやってこなかった人であればあるほど、その効果は如実に表れるものなのです。

そもそもの話、40代に差し掛かったら、男性の誰もが本格的に美容と美活に取り組むべきだと僕は思っています。40歳を過ぎると、どうしてもシワやシミ、そばかすが目立ってきます。その状態で初対面の人と会うとなると、第一印象は明らかにいいものにはなりません。他人から見たら、自分磨きをしているかどうかは一目瞭然《りょうぜん》なのです。第一印象を良くしたいのであれば、美容と美活に力を入れるべきでしょう。

美容と美活に関する考え方が徐々に変わってきている現象を、僕は「美容と美活のグラデーション化」と呼んでいます。脱毛についてもグラデーション化が起きていますし、眉《まゆ》毛のアートメイクについてもグラデーション化が起きつつあります。

男性が眉毛のアートメイクをするなんて、10年前にはまったく考えられなかったことでした。それが今では、少しずつですが、浸透してきているのです。

その他、オーラルケアにしても、かつては芸能人しかやらなかったものが、今では誰もが普通にするようになっています。ネイルについても状況は同じです。

少し前までは、美容のために何らかの施術をするのはちょっとした一大事でした。ところが、グラデーション化が進むうち、美容のための施術は一気に一般化し、その波が男性にも徐々に及び始めています。

今のタイミングで行動を変えればスマートですし、周りの40代との差別化ができるのです。さらに、女性からは好感を得られるのですから、40代からの美容と美活の実践はメリットしかないと言っていいでしょう。

NEW HABIT
10
新習慣
40代からは、第一印象に差が大きく出る！ 美容と美活の実践で、ビジネスとプライベートに好循環を生み出す。

自分磨きの5つのポイント

残念ながら、日本では自分磨きができていない40代が大多数のように思います。

「自分はもう結婚しているから……」

「40過ぎて、容姿にこだわるのはちょっと気恥ずかしい……」

「もうおっさんだから、お腹が出てるのは当たり前」

こうした考えにとらわれて、自分の容姿を良くしようという気持ちを捨て去ってしまうのです。ただし先ほども触れたように、周りの40代がどんどん「おじさん化」していくなかで、そうならないように気を付けていけば、周囲との差は簡単につけられます。

①お腹が出ないように筋トレをする
②脱毛をする
③眉毛を整える
④爪を磨く
⑤口臭や体臭に気を付ける

これら5つのポイントをケアするだけで、大多数の40代とは異なる存在として認識され、周囲からの見られ方が変わってくるのです。

筋トレや匂いについては、前からよく言われているのでそう珍しいことではありません。そこで僕が注目してほしいのは、**「脱毛」**です。

脱毛と言えば、女性のものと思う人が多いかもしれませんが、**これからは男性も脱毛する時代が間違いなくやってきます。**

その理由は簡単で、女性が毛深い男性を敬遠するようになってきているからです。かつては毛深い男性を〝男らしい〟と捉《とら》える傾向もありましたが、今ではトレンドが変わり、脱毛は清潔なイメージと結びつくようになっています。

もちろん各自のスタイルがあるので、「絶対に脱毛をしたほうがいい」というわけではありません。ダンディさの象徴としてヒゲを好む人もいるでしょう。ただし、多くの日本人男性の場合、ダンディさよりも若々しさを磨く方向に行ったほうが、しっくりときます。

そもそも高温多湿の日本に住む僕たちは、肌の潤いやハリは西洋の人に比べて保ちやすく、顔にシワができにくいという利点を持ち合わせています。骨格や、彫りがあまり深くないことからもシワやたるみができにくく、健康的な食文化もあり、すでに日本人にはいつまでも若々しく、美しくいられる素養が備わっているのです。

せっかくですから、対女性に関する話もしておきましょう。

ナイトワークの場面で衣服を脱いだとき、自分の体が女性の体と同じくらいツルツルの状態になっていると、相手からは感動されます。ベッドの上に毛が落ちていない状態も清潔感があり、喜ばれるのです。

これまで脱毛のことを考えたこともなかった人は、全身脱毛した体を女性に見せたら、相手に引かれるのではないかと思うかもしれません。年配の女性のなかにはそういう人もいるでしょう。ただし、**相手が40代以下の女性の場合、脱毛をした男性の体を見て引く人はほぼいないのが現実**です。

NEW HABIT
11
新習慣

美容と美活の実践は5つのポイントを意識する！ 脱毛の実践は世界標準へ向かっており、流れをつかんでおくこと。

「脱毛」は最短最速で効果が望める

脱毛についての話をさらに続けます。

どうして僕が脱毛にそこまでこだわっているかと言うと、男性の脱毛がスタンダードになる日が近いうちに必ずやって来ると信じているからです。

女性にとって脱毛はすでに普通のこととして定着しています。女性の感覚として体毛がないのが当たり前になると、次は男性にも広まるでしょう。

女性の本音も、「男性の顔と頭に生えている体毛は、眉毛とまつ毛、髪だけで十分」

という可能性は高いと思います。女性が求めているとなれば、それに応《こた》える男性も増えていきます。

「ハイジニーナ」という言葉を聞いたことはあるでしょうか？　語源は衛生を意味するhygieneから来ていて、体毛を処理することを意味します。最近では、ハイジニーナをしている男性を「ハイジ男子」と呼びます。

実際のところ、ＶＩＯ（股間《こかん》部分のＶライン、Ｉライン、Ｏラインの総称で、陰部や肛門《こうもん》のあたりを示す）を脱毛している「ハイジ男子」は、女性から好かれています。

ナイトワークのあと、「シーツの上に抜けた毛が散乱しているのを見るのが嫌」と感じている女性は多いのです。普段から寝ているベッドであれば、なおさら清潔感を保っておきたいと思うのは当然でしょう。

昔なら「仕方のないもの」として我慢してもらえたのかもしれませんが、人の清潔感や美意識はどんどん進化していきます。

そもそも女性は昔からムダ毛の処理をしてきました。腕も、足も、さらに指も脱毛しているのです。

それが普通になっている女性たちにとって、自分のパートナーである男性自身も腕や足、指の脱毛をし始めたらどう思うでしょうか。大げさに言う人、言わない人の差はあると思いますが、男性が想像する以上に好印象を持ってくれるでしょう。

もしも最初に驚かれたとしても、「自分の美意識を変えてパートナーに接していきたい」と話せば、喜ばない女性はいないと思います。

少し大げさに聞こえるかもしれませんが、性別に関係なく、美しくありたいという気持ちを捨てた時点で、人生のある側面は、終わったも同然ではないでしょうか。美しさの希求は精神の豊かさにつながるので、相手に対しても自分に対しても美しさを求めることは生きていく上でとても重要なのです。

僕たちはいつも、誰かと競い合いながら生きています。勉強でも仕事でも常に競争の世界に追いやられ、「勝ちたい」「負けたくない」というストレスを感じながら生活しているのです。

そんな社会で生きる僕たちですが、**美しさを求めることに関してはお互いに競い合ってもストレスにはならないし、争いも起きません。**それぞれが自分に合った美しさを求め、それを目指していくだけなので、実に平和的です。

その過程では、お互いの美しさを褒め称《たた》え合うことができます。こうしたやり取りからは、気持ちの豊かさしか生まれません。僕たちはもっと美しさを競い合うべきでしょう。

脱毛も美しさを求める行動の1つであり、ネガティブな側面は一切ないのです。それを考えると、「ハイジ男子」はこれからもっと増えていくと思います。

美容ボトックス（シワ予防）は当たり前のケアになる

人は美容に関して飽くなき関心を持っています。その証拠に、新しいジャンルの美容が次々と生まれてきています。

代表的なものの1つに、美容整体があります。以前から個別に美容と整体のジャンルは存在していました。ところが、この2つが掛け合わさって、美容整体という新ジャンルが誕生したのです。

美容整体では、自分の骨格の形や特性をまず見てもらい、それに合ったマッサージや整体をし、顔面の血行促進や小顔矯正を行っていきます。顔の表情が明るくなるため、会議へ出席したり、講演のために登壇したりすると相手に与える印象が全然違ってきます。

もちろん、印象が変わるだけではありません。血流が良くなるので頭もスッキリします。自分の骨格に合ったマッサージを受ければ、覇気が出てきて元気度も上がります。

美容整体は、自分で行うことも可能です。以前は「首周りは血管が多いから自分でやると危険」「揉《も》み返しがある」と言われていました。ただし、それは見様見真似で行っていたからで、整体師に自分の骨格タイプを教えてもらい、セルフマッサージの方法をしっかりと教えてもらえば問題は起きません。整体師による施術は断然楽ですし、気持ちもいいのですが、好きなときに自分でもできるとなればコスパは断然アップします。

自分で美容整体ができるようになると本当に便利です。疲れたなと感じたときに5分間だけマッサージをすると、体の疲れがだいぶ取れます。

こうした体のメンテナンスを自ら頻繁に行うことで、「体に課される時の刻み」がスローダウンすると僕は考えています。**アンチエイジングで若返るのではなく、「ゆっく**

りと歳を重ねていくリズム」が得られるとでも言ったらいいのでしょうか。

美容に関して言うと、僕は自然体で無理をしない方法を好みます。歳を取るのは決して悪いことではありません。何のケアもせずに体を錆《さ》びつかせていくのではなく、**ケアをしながら健康体の状態でゆっくりと歳を重ねていくのがベストだと思うのです**。美容整体を受けられる場所は身近で簡単に見つけられるはずなので、一度試してみることをおすすめします。

美容と言えば、**フェイシャルケア**は外せません。若い男性の間では顔のケアは当たり前のようになっていますが、実際にケアが必要なのは40代の男性のほうでしょう。

中年期に差し掛かると、人によっては顔のシワが目立ってきます。シワが多いとどうしても老けて見えるため、できればシワは増やしたくないものです。

シワ対策としては、ボトックス注射がよく知られています。ボトックスとはボツリヌス菌から作られるボツリヌス毒素のことで、タンパク質の一種です。これを顔面の皮膚下に注入することで、表情筋を一時的に麻痺《まひ》させ、シワの形成を止めていきます。

ボトックス注射は女性の間ではすでに人気の美容施術となっていて、リピーターの人たちは、半年に一度のペースで施術を受けているケースが多いようです。

これまでは女性だけに注目されてきた美容ボトックスですが、ようやく最近になって男性の間にも浸透してきました。僕自身も額にボトックス注射をしたことがあり、おでこからシワがなくなるのを経験しています。

美容ボトックスは、最も簡単にできる若返り治療だと言っていいでしょう。自分の顔や表情にあまり気を使っていない40代が多いなかで、ボトックス注射によって本格的にフェイシャルケアをしている人は、確実に周囲との差を作り出せるでしょう。

ケアが行き届いたきれいな顔が、相手に悪印象を与えることはありません。**肌の老化が目立ちやすくなる40代は、ことさらフェイシャルケアにこだわるべきです。**

美容整体も美容ボトックスも、自らの体のケアに大きな効果を発揮します。まずはそれらの施術を行う専門家に今の自分を見てもらい、その上で自分に合った美容のための施術を受けてみてください。

NEW HABIT
12
新習慣

体のメンテナンスをするだけで、負荷なく自然に歳を重ねていくことができる！

眉毛カットはビジネスパーソンに必須

美容整体と美容ボトックスの次におすすめしたいのは、眉毛カットです。眉毛は顔のほぼ中心に位置しているので、ここを整えると印象が大幅に変わります。

眉毛カットの効果を実感するのは、仕事で誰かと対面するときです。面と向かって誰かと話をするとき、僕たちは通常、相手の目を見ます。眉毛は目のすぐ上にあるので、整えておくと好印象を与えることができるのです。

そのインパクトは、もしかするとヘアスタイルよりも大きいかもしれません。眉毛をしっかりと整えておくことで、自分の第一印象を大きく向上させることができるでしょう。

眉毛だけでなく、ネイルのケアをしている40代も相手に好感を持ってもらえます。なぜ好感を持ってもらえるかというと、眉毛を整え、ネイルをケアしている姿勢を見せることで、美意識が高い人という印象を相手に与えられるからです。

眉毛や指先というのは、人間の体の中では小さな部分でしかありません。そんな細部にまで気配りができる人物だと受け止めてもらえれば、仕事に関わることでも信頼感を持ってもらえます。

細部へのこうした気配りは、ビジネスシーンでのみ効力を発揮するものではありません。プライベートで女性と対面するときも、眉毛を整え、ネイルをケアしていることを示すことで、丁寧な男性だと思ってもらえるのです。目元の印象が変わると目力も生まれ、強い印象も与えられます。

実際のところ、僕の知り合いのハイパフォーマーの人たちは、眉毛とネイルの両方のケアをしっかりと行っています。

その一方で、一般的な日本の40代以上の人たちのほとんどがケアを怠っているのではないでしょうか。

こうした現状は、やはり、この本を手にしている人にとってはチャンスになり得ます。眉毛を整え、ネイルのケアをするだけで、その他大勢の人たちと自分を差別化できるのです。最大限のベネフィットを得られるように、眉毛とネイルのケアを実践してみてください。

僕の経験を紹介すると、初めて眉毛カットに興味を持ったのはドバイに滞在していたときでした。同じレジデンスに有名な方が住んでいて、彼と話をするようになったのがきっかけです。

年齢は僕とほぼ同じくらいの彼の顔の印象は、いつもとても爽《さわ》やかで清涼感に溢《あふ》れていました。その印象はどこから発せられているのかと考えていたら、「眉毛だ！」ということに気が付いたのです。思い切って尋ねてみると、眉毛をアートメイクしているとのことでした。

アートメイクも技術が重要で、うまくいかないと海苔《のり》が貼り付いているような見た目になってしまうことがあります。ただし、彼のアートメイクは完璧《かんぺき》で、実にナチュラルなものでした。彼から影響を受けた僕は、自分も眉毛を整えようと決めたのです。ただし僕は、アートメイクではなく、眉毛カットをすることにしました。

たかが眉毛カットと言っても、軽く見てはいけません。事実、僕が最初に眉毛カットに挑んだときは、うまくやってもらえずに後悔した思い出があります。仕事関係で関わりのあったヘアサロンでカットをしてもらったのですが、眉毛カットを専門的にやっているわけではなかったので、美意識的に物足りなさを感じたのです。

その後、色々な人から話を聞き、自分にとってベストな場所を探しているうちに、とても丁寧にカットしてくれる女性のプロフェッショナルに出会うことができました。以降、その彼女に眉毛カットをしてもらっています。

ちなみに彼女は、ブライダルの眉毛カットを専門にしているプロとしてのきめ細やかさを持っているので、これからもお願いするつもりです。

ここで知っておいてほしいのは、**どんなに眉毛カットに力を入れても、なかなか他人**

から褒めてもらえないという事実です。この点が、眉毛カットのつらいところかもしれません。ファーストインプレッションで好印象を与えられても、いきなり眉毛を褒めてくれる人はあまりいないのです。

ネイルについても同じことが言えます。初対面で相手の男性がネイルのケアをしているのに気付いても、「ネイルしているんですね」と言ってくれるのは、ネイルに特別な興味を持っている人だけです。

このように、眉毛カットもネイルのケアも、残念ながらあまり目立たない美容のカテゴリーに入ります。しかしながら、重要さという点では体の他の部分とまったく変わりはありません。

誰かと会話をしているときは、特にその重要性がわかります。

対面で人と話をしていると、相手の視線が眉毛やネイルに落ちる瞬間があります。その際、**しっかりとケアされた状態を見た相手が、自分に好印象を抱いていることが何となくわかると、嬉《うれ》しくなって自信が湧き出てくるのです。その自信が背中を押し、相手との会話がスムーズに進んでいくというケースはよくあります。**

087 美容・美活を極めて自信をつける

ひと昔前のビジネスパーソンは、スーツの着こなしから始まって、名刺の渡し方、挨《あい》拶《さつ》の仕方に気を遣い、相手に好印象を与えることに腐心していたと思います。もしくは、名刺に書かれている社名や肩書の威を借りて、信頼や自信を得ようとしていた時代もあったでしょう。

しかし、今や状況が様変わりしたのです。スーツの着こなしから始まって、名刺の渡し方、挨拶、社名、肩書には、もはやかつてのような影響力はありません。**多様化の進む今の時代に求められるのは、個人のパーソナリティ**と言っていいでしょう。要は、**１人ひとりが個の魅力を磨き、その魅力によって相手から選ばれなくてはいけない時代になった**のです。

改めて強調すると、顔の印象や指先の美しさは、個の魅力として大きな意味を持ちます。顔の印象が良く、指先が美しければ、細部にも気を配れる人だと思ってもらえるでしょう。

現実問題として、新型コロナ禍以降、リモートで取引先と打ち合わせをすることが多くなり、スーツ姿を見せたり、名刺を渡したりする機会はめっきりと減りました。それに伴い、眉毛の形や表情の明るさなど、自分の顔の印象を良くすることの重要性が増しています。
こうした社会に変わりつつあるのですから、その変化に合わせ、これまで以上に美容に力を入れてください。

NEW HABIT
13
新習慣

眉毛は顔の印象を分ける大きなポイント！ 個人のパーソナリティで魅力を伝える時代に、眉毛カットは大きな武器になる。

アメリカ人と日本人のオーラルケアの違い

40代ともなると、口まわりのケアも重要なポイントです。口は眉毛と同じく、顔の真ん中近くに位置しているので、会話の相手の視線が集中するところでもあります。

一般的にオーラルケアというと、歯と口臭のメンテナンスに注意が向けられがちですが、僕は笑顔のメンテナンスを第一に考えています。それくらい笑顔が発する魅力は計り知れないのです。

とはいえ、歯や口臭のメンテナンスを軽視しているわけではありません。笑顔と同時に白い歯が見えるとそれだけで印象は急上昇しますし、相手に清潔感ある印象を与えることもできます。

例えば、アメリカ人は日本人に比べて歯のメンテナンスにかける費用が多いという有名な話があります。英語を母語として話す人たちは、顔の表情や口元の動きによってニュアンスを伝えようとする傾向があるため、虫歯などで歯が痛まなくても、定期的な歯のメンテナンスが当たり前になっています。

特にアメリカでは、「自分の人となりは前歯の並び方で決まる」と言われるくらい、歯並びに投資をするカルチャーが根付いています。最近の状況を見ていると、そうしたカルチャーがようやく日本にも入ってきているのを感じます。

僕の場合、歯のメンテナンスに関しては40代になってから本格的に始めました。とはいえ、コーヒーは好きでしたし、30代の前半まではたばこを吸っていたので、メンテナンスを始めるまではいつも黄ばんだ歯をそのままにしていたのです。

しかし今は、考え方が完全に変わりました。**歯のメンテナンスはもはやエチケットだと思っています。**

白い歯で整った歯並びの人が笑うと、誰であっても好印象を抱いてくれるはずです。眉毛やネイルと一緒で、白い歯や整った歯並びをいきなり褒めてくれる初対面の人はほとんどいませんが、相手はしっかりと見ています。

歯のメンテナンスをしているだけで、していない人との差が自然に生まれるのです。となれば、「しない」という選択肢はあり得ません。

女性から100％拒絶される「臭い人」

匂いのケアが大事なことに異論を挟む人は皆無と言っていいでしょう。匂いのケアの大前提は、相手に不快感を与えないようにすることです。

女性を対象にした「モテ度インタビュー」を以前にテレビで見たことがあります。渋《しぶ》谷《や》や新宿《しんじゅく》などのエリアで年代別の女性に「好感の持てる男性と好感の持てない男性」についで尋ねるというものでした。

このインタビューでは、全年代に共通する「好感の持てる男性」として、1位が清潔感のある人、2位が優しい人という結果が出ていました。一方、**「好感の持てない男性」についでは、こちらも全年代に共通して「臭い人」が断トツの1位だった**のです。

厄介なのは、匂いは自分ではなかなか気付きにくい点です。さらに言うと、眉毛やネイル、歯以上に指摘してくれる人がいません。したがって、自分自身で相当意識を上げていかない限り、自らが発する悪臭に気付かないまま放置してしまう恐れがあります。40代になってくると、年齢を重ねているだけに加齢臭が生じ始めているかもしれず、自分の想像をはるかに超えるレベルでメンテナンスをしないと効果的な匂いケアはできません。

かといって、過度にナーバスになる必要もないでしょう。実際、僕がしている体臭予防対策は、とても手軽なものばかりです。

①アスタキサンチンのサプリメントを飲む

②お酒を控えてたばこは吸わない
③ストレスや過労で内臓を疲れさせない
④毎日、適度な運動をして汗を出す

見てのとおり、どれも大したことのない普通のケアしかしていません。ただし、こうした当たり前のことに丁寧に取り組む姿勢は絶対に必要です。


体臭と同等、もしくはそれ以上に気を付けてほしいのが口臭です。

歯磨き粉を付けてハミガキしておけば口臭ケアは万全と考えているのなら、それは大きな間違いです。最低でも、デンタルフロスを使い、舌をブラシで磨いてきれいにしておかないと口臭は消えません。

日常的にガムを噛み、唾液《だえき》の量を増やしておく必要もあります。たばこやお酒を控えることも口臭予防には不可欠です。人と会う前だったら、コーヒーを飲むのは避けてお水にしたほうがいいでしょう。

細かすぎると思うかもしれませんが、匂いケアをするなら、普段の生活習慣から見直さなくてはならないのです。

生活習慣を変えていきながら体臭が出ないようにしていくのが理想ですが、体質の問題もあるのですぐに変化を求めるのは難しい場合もあるでしょう。そんなときは、香水をつけるという方法を取り入れてもいいかもしれません。

ただし、日本では香水の文化が広く浸透しているとは言い難いので、ハードルは少々高くなります。ビジネスシーンでは特に、香水の匂いが相手に悪印象を与えてしまうこともあるので慎重さが求められるのです。

とはいえ、匂いの効果は無視できません。

実際に僕自身の話をすると、自分の匂いがきっかけで見も知らぬ女性から声を掛けられたことがありました。

ある日、銀座《ぎんざ》で男性の知人とのランチを済ませ、赤信号で交差点に立っていたら、いきなり「すみません。どんな香水を使っているのか教えてくれますか？」と尋ねられたのです。

聞けば、自分の恋人に香水をプレゼントしたいと考えていたらしく、たまたま交差点で隣に立っていた僕からいい匂いが漂ってきたので、思い切って声を掛けたとのことでした。彼女の質問に答えたいのはやまやまでしたが、困ったことに僕は香水を使っていません。ただし、何も付けていないのではなく、フレグランス系のハンドクリームを手と首に塗っています。ちょうど40歳になったとき、首のシワが気になるなと思い始め、塗るようになったのです。彼女はそのクリームの匂いが気に入ったのでしょう。

「実はこれ、ハンドクリームなんですよ」と伝えると、彼女は「えっ、そうなんですか?」と驚いたような声を上げました。ブランド名を教えてあげると、「すぐに買ってプレゼントします」と言い残し、彼女は去っていきました。

良い匂いがしていると、こんなふうに通りすがりの人とのちょっとした会話を引き寄せることだってできるのです。

匂いの上塗りをする印象の強い香水と違い、ハンドクリームは自分の体臭と交じり合い、ほのかに匂うという感じなので、香水ほどハードルは高くはありません。好きな香りのハンドクリームを使うところから、匂いケアを始めるのもアリだと思います。

NEW HABIT
14
新習慣

日常の習慣による匂いケアは可能。あなたが発する匂い1つで、人生が変わるきっかけを得られるかも⁉

自分バイアスを捨ててDNA検査を受けてみよう

美容によって自分磨きをするには、まずは自分自身を知ることが欠かせません。

そこでおすすめしたいのが、DNA検査です。オンラインでDNA検査キットを注文し、検査試料となる唾液を採取して返送すれば、2〜3週間後には検査結果が得られるというサービスがあります。

「DNA検査」というキーワードで検索すれば、検査をしてくれる会社はすぐに見つかります。僕が試した検査の価格は1万5000円ほどでした。

ＤＮＡ検査によってわかるのは、肌の特性、体質全般、筋肉タイプ、アレルギーの種類、アルコールに対する耐性、がんや生活習慣病の疾患リスクについてです。また、祖先のルーツをたどることができたり、自分が夜型人間なのか、昼型人間なのかといったこともわかります。

僕はデザイナーというクリエイティブ系の仕事をしていたため、勝手に夜型人間だと思っていたのですが、調べてみたら昼型人間であることがわかりました。つまり夜更かしに向かない体質であり、早寝早起きをしないと体調を崩すタイプだったのです。

体質に関して言うと、自分はやせ型体質だと信じていました。ところが実際には肥満体質でした。検査の結果、糖質の摂取を控えたほうがいいことがわかったため、今では夜9時以降は炭水化物を食べないようにしています。

複数あるＤＮＡ検査のメリットのなかで僕が高く評価しているのは、**自分の体に関する思い込みを捨て、ＤＮＡというフィルターを通して自分の体を知ることができる点です。**それを知った上で、弱い部分のケアができるようになったのです。

例えば僕の場合、乾燥肌タイプであることがわかりました。それまでは、美容だと思ってごしごしと洗顔をしていましたが、それは逆効果であり、保湿にもっと力を入れるべきだったのです。その後、肌ケアの専門家に話を聞き、今では洗顔の方法を大きく変え、保湿や日焼け予防に力を入れるようになりました。

実際、洗顔をするときは、ピーリング作用を持つ洗顔石鹸《せっけん》であるサンソリットのスキンピールバーを使っています。

洗顔後の保湿にも高いお金を掛けているわけではなく、一般的なキュレル化粧水に加えて、ココナッツオイルで保湿しているだけです。肌にストレスを与えることを避けるため、UVケアもしています。

たったこれだけのことしかしていませんが、毎日しっかりと行うことで大きな効果が得られているのを感じます。事実、久しぶりに知り合いや仕事仲間に会うと、よく「若返りましたね」と言われます。そう言われるようになったのは、間違いなく肌のケアのおかげです。また、DNA検査によって自分の体のことがわかり、内側から体質改善を心掛けたことも影響しているはずです。

DNA検査を美容のために活用する人はまだまだ多くはありません。しかし、そこから得られる情報はとても有益です。自分の体をよく知るためにも、一度試してみることをおすすめします。

睡眠こそ40代の最大の味方

40代からの美容を考えたとき、その重要さをいくら強調してもしきれないのが睡眠です。美容効果を得るには、それを下支えしてくれる良質な睡眠が絶対に欠かせません。40代に突入しても、30代のマインドを保っている人はたくさんいます。そうは言っても、物理的には40年という年月を生きてきているのです。20代の人に比べたら、シワもたるみもあるのが40代の偽らざる現実でしょう。

それを施術や対症療法ばかりに頼って解消するのではなく、健康体を維持することで美容につなげていくのが、僕が理想とするスタイルです。

これを実現するには、20代、30代でしてこなかったアプローチがどうしても必要になります。そのアプローチの最たるものが、良質な睡眠の確保なのです。

僕の場合、20代、30代のころは、あまり寝なくても平気でした。ところが今は違います。最低でも7時間の睡眠を取らないと、はつらつとした姿は維持できません。**40代になったら、「睡眠を削ることほどバカバカしいことはない」と考えるべきです。**

実際のところ、僕のメンターをはじめとして、世界で出会う一流の人ほど睡眠にしっかりと投資をしています。

世界的に有名な経営者や第一線で活躍している著名人たちの多くが、睡眠を重視しているると発言しているのです。メジャーリーガーの大谷翔平《おおたにしょうへい》選手も、インタビューで「寝るための準備を計画的にやる」と語っていますよね。

僕自身も、より高いパフォーマンスが発揮できるように、良好な睡眠環境を整えるように普段から心掛けている1人です。

具体的に何をしているかというと、午後3時以降にカフェインを摂取するのはできるだけ控えるようにしています。また、夜になったら眠気を感じられるように、午後4時にジムに行ってワークアウトをし、汗をかくようにしています。

その後、9時前には夕食を取り、11時の就寝を意識して胃の中を空にしていきます。就寝時はできるだけ部屋を真っ暗にし、快適な寝具を使って眠るようにしています。

会社勤めのため、ここで紹介したようなサイクルを実行するのが難しい場合は、せめて休日だけでも取り入れると、そのリズムが自分の体に入ってきます。

かつての僕は、経営者として仕事に没頭するあまり、常に睡眠時間を犠牲にするような生活を送っていました。今現在も、長距離移動のフライトのせいでリズムを乱してしまったりします。現実問題として、仕事を完結させるために、自分を追い込まなければいけない場面に遭遇することもまだまだあります。

しかし、そんなときにこそ、タイムマネジメントを徹底し、睡眠時間や睡眠のタイミングをしっかりと管理しなくてはならないのです。

睡眠へ投資する時間をないがしろにせず、どんなに忙しくても7時間睡眠を確保できれば、朝起きた瞬間から良いコンディションでいられるでしょう。結果として、その日の生産性を高められます。

1日のなかでも、特に朝の時間は効率が最も上がる時間です。良質な睡眠によって、その時間帯を最良のコンディションで過ごせるように生活のサイクルを変えていくだけで、人生のリズムは大きく好転するでしょう。

どうしてもやらなければいけない仕事があったら、夜更かしをして片付けるのではなく、早めに就寝してぐっすりと眠り、早起きをして動き出したほうが、確実に効率がいいのです。こうした知識も頭に入れ、ベストな睡眠を取るようにしてください。

NEW HABIT

15

新習慣

睡眠は心の豊かさを生み出す。戦略的に眠ることで翌朝の調子は良くなり、パフォーマンスも上がっていく。

Chapter

3

若さと集中力を保つ筋トレ・ボディメイク

40

理想の体に近づくために必要な心構えとは？

あなたは今、どんな体型をしていますか？
その体型は、自分の理想とするものですか？
それとも、残念ながら、理想からかけ離れたものでしょうか？
今の自分の体型は、それまで繰り返してきた自らの生活習慣を偽りなく表しているのです。

肥満体型の人を見れば、その人の過去の食習慣が一目でわかります。反対に筋肉質の人を見れば、その人が普段どんな生活をしているのかがはっきりとわかります。

この本を手にしている人が理想とするのは、お腹の出っ張った体型ではなく、引き締まった体型のはずです。ただし、そうした体型を理想としながらも、肥満体型から脱しきれていない人が多いのが現実ではないでしょうか。

そこで、自分の体を理想の形に近づけるための方法を紹介していこうと思います。

自分が望むボディメイク（肉体改造）を行う際には、まずは意識を変えることが大切

です。

お腹のへこんだ引き締まった体を作るためには、地道にエクササイズを続けなくてはなりません。エクササイズを続けるのは決して楽ではないでしょう。それでも理想とする肉体を得たいのなら、「つらくても必ず肉体改造を実現する」という強い意識を持つ必要があるのです。

とはいえ、それだけでは長続きしないかもしれません。しかし、エクササイズをある程度の期間続けていくと、自分の体が少しずつ変わっていくのが確実にわかります。**その変化をいったん実感すると、自信につながる成功体験から幸福感に包まれるはずです。これこそ、ボディメイクをする上でのメリットの1つであり、それを感じることが継続のための秘訣《ひけつ》なのです。**

体が引き締まってくると、仕事やプライベートの様々な局面で自分のパフォーマンスが向上していきます。ボディメイクに取り組んでいる最中は、それらの実感を思う存分楽しみながら、エクササイズを継続させていきましょう。

ボディメイクのコツとしては、**一気に引き締まった体型を目指すというより、〝おじ**

さん体型〟になる前の体型に戻すという気持ちで取り組んだほうがストレスを感じないで済むかもしれません。まずは〝元に戻す〟意識を持ってエクササイズに臨んでいくのです。

実際のエクササイズで最も効果的なのは筋トレです。ジョギングもよいでしょう。これら両方をミックスするのもおすすめできます。

ジムに入会してトレーナーに教えてもらうのも確実な方法の1つです。何と言ってもプロの意見を取り入れながら行ったほうが効果的ですし、けがのリスクや自分に合わないエクササイズを避けることができると思います。

もしくは、インターネットで検索して、それらのなかから自分に合ったエクササイズを選ぶという方法もあります。

引き締まった体型と一口で言っても、人によって思い描いている姿は様々なはずです。ボディメイクを始めるときは、具体的にどういうスタイルを目指すのかを事前に決めておくといいでしょう。

ボディビルの大会出場を目指すくらい筋肉を付けたいのか、それともジャケットを着たときにカッコよく見えるようになりたいのか、Tシャツを着たときに胸筋が目立つようになりたいのか……。じっくりと考えながら、自分の理想を突き詰めていくのです。どんなスタイルを目指すにしても、体が引き締まっていくと立ち居振る舞いががらりと変わってきます。そしてこのことが自分にとって大きなメリットとなるのです。自分の立ち居振る舞いに磨きがかかると、他人に与える第一印象が間違いなく良くなります。エクササイズがつらいと感じたときは、こうしたプラス効果を思い浮かべ、くじけそうな状況を乗り越えていってください。

ボディメイクは最高にコスパのいい自己投資

40代になってボディメイクをしないと、どんなデメリットがあるのでしょうか。まず、**姿勢が悪くなります。背中に十分な筋肉がないので、どうしても猫背になってしまいます。**

猫背は、体のシワやたるみの原因になり得るので注意が必要です。逆に背筋があって姿勢のいい人は、シワやたるみがなかなかできません。

異性に関連する話は何かと盛り上がるので、ボディメイクと絡めて考えてみましょう。僕自身、ボディメイクを始めて以降、友人と食事をしているときに、「体、鍛えてるよね？」と言われることが増えました。友人同士なので裸を見せるわけではありませんが、姿勢や立ち振る舞いから伝わるものです。

体が引き締まっていると、姿勢だけでなく歩く姿もカッコよくなります。女性としても姿勢の悪い人と歩くよりも、背筋の伸びた人と連れ立って歩いたほうが気持ちいいはずです。こうした細かい感情からも相手とのラポールは生まれます。

トレーニングをすると圧倒的に睡眠の質が良くなるため、肌につやが出てくるというメリットもあります。テストステロンの分泌が増えるので、パートナーとのナイトワークの質も向上します。

そもそも、女性から興味を持ってもらうには、ここぞというときにギャップを見せることが効果的です。

服を着ているときは痩《や》せて見えるのに、服を脱ぐと筋肉がついているとわかる男性は、間違いなく女性から一目置かれるでしょう。**特に背筋、腹筋、大胸筋は大事です。**この

3カ所を鍛えておくと、ポイントが確実にアップします。その理由は、これらの筋肉は、特に男性に特徴的な部位のものだからです。

究極的に言うと、**ボディメイクがもたらしてくれるのは、自らの理想の体が手に入るという幸福感です**。その成功体験から自信が付き、仕事がうまくいくようになれば、メリットしかありません。そのうえ、女性からモテるようになれば、言うことはないでしょう。

ボディメイクはやはり最高にコスパのいい自己投資です。これだけ最強のものはありません。自分の理想の体を目指してエクササイズを重ね、必ずその理想を実現させてください。

NEW HABIT
16
新習慣

ボディメイクをすると歩く姿もカッコよくなる。特に背筋と腹筋、大胸筋を鍛える。

中年になると周りは何も言ってくれない

ボディメイクというと、筋トレと同じだと捉《とら》える人が多いのですが、これらはまったく異なります。

これらを混同している人は、重いものを持ち上げられるようになればなるほど、ボディメイクに成功していると考えがちです。しかし、それは筋トレであり、ボディメイクではありません。

ボディメイクとは、自分が理想とする体を作っていくことなので、「足のこの部分の筋肉は特に付けない」もしくは「三頭筋は欲しいけど、二頭筋は減らしたい」という考え方をしていきます。こうした考えを実現しながら、**体のシルエットを作っていくのがボディメイク**なのです。

僕は、**ボディメイクをクリエイティブな作業だと思っています**。何かを作っているという感覚があって、とても面白いのです。

ボディメイクを始める前の30代中盤のころ、僕はかなり太っていました。身長179

センチ、体重約80キロという状態に達していたのです。

当時の僕は、ひたすら仕事をしていました。その結果、仕事の疲労やストレスが溜まって暴飲暴食をし、さらには接待やお付き合いでお酒を飲む日が続き、徐々に肥満体型になっていったのです。僕の頭の中では、理想の体重を70キロとしていたのですが、理想とのギャップは広がる一方でした。

当然ですが、鏡を見るとお腹は出ているし、全身はパンパンです。僕はその体型にいつも不満を持っていました。しかし、当時はどうすることもできずに、その状態を野放しにしていたのです。

振り返ってみると、興味深いのは家族の反応でした。太ってむちむち、疲れ切った僕の姿を見て、「お父さん、いつも頑張ってくれて、ありがとう」という反応だったのです。家族のために働く僕に、何も言えないという状況だったのでしょう。実際、家族のために懸命に働いていたので、そうした家族からの反応をバネにさらに無理を重ねるという悪循環を繰り返していました。年々、肥満体型になっていく僕の姿に、おそらく社員たちも気付いていたはずです。しかし、社長に向かって何かを言ってくれる人はいませんでした。

中年層にとって危険なのは、周囲の人が遠慮をして何も言ってくれないということだと言えます。この年代になったら意識改革を行い、自分のことは自分で管理をする姿勢を持つ必要があるのです。

ボディメイクをする際に重要なのは、自分の理想とするモデルを設定することです。身近な人でも有名人でもいいので目標とする人物を決めると、目指すべき方向がわかるので迷いが少なくなります。

とは言っても、なかなかモデルが見つからないケースもあるかもしれません。そうした人にむけて僕がモデルとして推しているのは、ミケランジェロの彫刻作品であるダビデ像です。

ダビデ像は500年以上の間、肉体美の象徴として世界中で愛されてきました。実際に像を見ると、均整がとれた素晴らしい体型であることがわかるはずです。

理想の体型について言うと、〝ゴリマッチョ〟になりたい人と〝細マッチョ〟になりたい人の2つに分かれます。僕の場合は後者の細マッチョが理想です。

ボディメイクを始めたとき、僕はパーソナルトレーナーについてもらうことにしました。そうした理由は、ボディメイクについて色々と相談したかったからです。

人によってはゴリマッチョに憧《あこが》れるかもしれません。もちろん、それもいいでしょう。ただし、女性の立場からすると、筋骨隆々ではなくても引き締まった体で少し大きく見えるくらいの体型が好きな人は多いようです。僕自身も理想として、ムダな脂肪のない引き締まった体型を目指しています。

1週間で体重を大幅に減らせる「ケトジェニック・ダイエット」

減量したいと思っていても、40代になると、以前と違って体重を落とすのはそう簡単ではありません。ただし、やり方次第ではさほど苦労せずに体重を落とすことは可能です。

その方法の1つに、**ケトジェニック・ダイエット（糖質カット）**があります。僕はこの方法を、世界メンズフィジークで50代部門の世界チャンピオンの座に輝いた田村宜丈《たむらよしたけ》さんから教わりました。

まずは、その仕組みから説明しましょう。

人には、2種類のエネルギー代謝のエンジンがあります。1つは「糖質」を燃やすエンジンで、僕たちは通常はここからエネルギーを得ています。そしてもう1つは、普段は使われていない「脂質」を燃やすエンジンです。

ケトジェニック・ダイエットでは、糖質をカットすることで脂質を燃やすエンジンを動かし、体内の脂肪を燃やして減量を目指していきます。

糖質が体内に入ってこないと、人間の体は脂質を代謝してエネルギーを作り出そうとします。その際、脂質はケトン体というエネルギーに変わり、どんどん燃焼していきます。ケトジェニック・ダイエットは、こうした仕組みで体重を落としていくのです。

次に、進め方を紹介しましょう。やり方はいたってシンプルです。まずはすべての食事から糖質を完全にカットし、代わりに肉や魚、卵、野菜（葉野菜のみ）だけを食べていきます。

この方法で減量を成功させるには、「ケトンスイッチ」をオンにしなくてはいけません。ただし、一度スイッチをオンにすることができれば、それ以降は体がそれを覚え、最初のころに比べて、あまり無理をしなくても、自分の意思で取り組みやすくなります。

スイッチがオンになるまでは、糖質を大幅にカットする必要があるため、つらい時間が続きます。人によって異なりますが、通常はオンになるまで1週間前後かかります。

それまでの間は、MCTオイルを1日に60ミリリットルから80ミリリットルほど小分けにして摂取するようにします。

MCTオイルは、ブラックコーヒーに1回10ミリリットルほど混ぜて、1日に5、6杯飲むことを目指しましょう。MCTオイルではなく、ココナッツオイルでも代用できます。

1回の摂取量が15ミリリットルを超えると下痢になるので、くれぐれも気を付けてください。ただし、小分けにして飲む限り、1日に100ミリリットル摂取しても問題は生じません。重要なのは、1日に最低でも60ミリリットルから80ミリリットルをちびちびと飲むことです。

ケトンスイッチが入ると、頭が覚醒《かくせい》した感じになり、尿の匂いが柑橘《かんきつ》系に変わるので、すぐに判別できます。もしくは、ケトスティック（尿試験紙）での検査も可能です。

ケトジェニック・ダイエットでは、とにかく糖質（炭水化物）摂取を抑えなくてはいけません。糖質ほどではありませんが、タンパク質の量もかなり抑える必要があります。そのため、食品購入時には必ず成分表を見る癖をつけます。食品の成分がよくわからないときは、「食品名　炭水化物」「食品名　タンパク質」というキーワードを入力してグーグル検索してください。しっかりと抑えないと、ケトン体（脂質）を燃焼させるスイッチがすぐにオフになってしまいます。

ケトンスイッチが入ってからは、タンパク質、脂質、炭水化物の摂取バランスは、3：6：1、もしくは2：7：1を守ります。空腹時やトレーニングの前には、アーモンドやくるみなどのナッツ類を食べると力を出せます。

ケトンスイッチが入ったばかりの初期は、みるみるうちに体脂肪が落ちるのですが、長期にわたって続けると必ず停滞します。

また、ケトジェニック・ダイエットを続けていくと、代謝が徐々に落ちてくるので、それを避けるために週末は炭水化物をしっかりと摂《と》る日を設ける必要があります。

僕の場合、1週間のケトジェニック・ダイエットで体重を4キロ落とすことに成功しました。僕の運営するオンラインサロンのメンバーのなかには、1週間で9キロの減量を実現した人もいます。1週間のうち、僕にとっては炭水化物が無性に食べたくなった3日目がつらさのピークでした。

ケトジェニック・ダイエット中は、ジョギングなどの有酸素運動をするよりも、筋トレのような無酸素運動に徹したほうが、体調が良好だったと感じました。それ以外で実感したのは、頭が冴《さ》えるようになったことと、体のキレが良くなったことです。

こうした効果と共に、体重もしっかり落とせたので、皆さんもぜひ試してみてください。

ただし、体への負担が大きい方法ですので、医師や専門家に相談しながら、体調やコンディションに注意して行うようにしてください。

NEW HABIT
17
新習慣

体重を効率的に減らしたいと考えているなら、ケトジェニック・ダイエットが有効。

パートナー・恋人に喜ばれる体を作る

筋トレは、ボディメイクには欠かせない要素の1つです。数多いエクササイズのなかで、おそらく筋トレは世界で最も人気のあるものではないでしょうか。

筋トレのいいところは、何歳になっても続けられることです。筋肉は、いくら年を取っても成長していきます。そうした特徴があるため、老齢の入院患者にもリハビリを促して筋肉を付けてもらおうとするのです。

ただし逆も然《しか》りで、筋トレをしなければ筋力はどこまでも落ちていきます。筋トレは、一過性で終わらせるのではなく、一生続けていくべきものなのです。

筋トレをすると、男性ホルモンであるテストステロンの分泌量が増えていきます。テストステロンが分泌されると、自然と〝オス度〟が上がってきて、闘争心や集中力がアップします。また、女性に対するエモーショナルな気持ちも強くなっていくという効果もあります。

先に紹介した田村さんから聞いた話によれば、テストステロンの分泌量が多いせいか、性欲が減退せず、パートナーを喜ばせる意欲にいつも満ち溢《あふ》れているとのことでした。女性からしても、肥満体型の相手よりも、筋肉質のパートナーからアプローチされたほうが嬉《うれ》しいはずです。

引き締まった体型をしていたら、夫婦間の関係だけでなく、人間関係全般にわたって、信頼関係の構築やコミュニケーションがスムーズになっていくと思います。

自分の体と丁寧に向き合っている人だという印象を持たれやすいです。

例えば、社内で、あなたは年下の女性社員から気軽に話し掛けられたりしますか？

「自分はもう40代だから」

こんな言い訳をするのは簡単です。しかし、そこに逃げ込まず、**若い人たちから気軽に話し掛けてもらえるように引き締まった体型を作り、好感度を上げるべきです。**

たかが体型だと思ってはいけません。周囲の人たちから選ばれ、話し掛けられるというのは充実した人生を送るために実に重要なことです。他人との良好な関係は幸福度にも大きく影響してくるので、人とのコミュニケーションの有無は絶対に無視できません。

例えば僕には、気軽に食事に誘える異性の友人が何人かいます。会って普通に楽しい話をするだけですが、それだけでもいつも楽しくお互いに有意義な時間を過ごせる関係は、仕事でもプライベートでもとてもいいと思います。

40代でもこれができるのは、相手から好感を持ってもらい、さらにはラポール（信頼関係）があるからこそです。だから相手に選ばれて、気軽に食事に行けるのです。

相手からの好感とラポールを下支えしているのは、ボディメイクも関係あると僕は思っています。少なくともだらしない体ではないということが僕に自信を与え、その自信が人とのコミュニケーションを滑らかなものにしているのです。

NEW HABIT

18

新習慣

理想の体型を目指し、話しかけてくれる人が増えて、幸福を感じられる人生を手に入れる。

筋トレで仕事パフォーマンスは激変する

ボディメイクはすぐに完成せず、数年単位の時間を費やして行う必要があります。

僕は現在、トレーニングの計画を1年単位で実行しています。

僕の理想の体型は、全体的に一回り大きく、かつ引き締まった体です。まさに、バルクアップと呼べるものです。

しっかり量を食べることが必要ですが、常に体重を増量しながら、重量負荷の高いトレーニングを1年間継続しても、効率も悪く、怪我もしやすくなります。

そこで2カ月から3カ月、まず体と筋肉の増量を行い、そこからおよそ2カ月ぐらいかけて体重を落としていきます。

細やかに体重の増量と減量を繰り返し行うことで、体脂肪を増やさずに、うまく筋力だけを増やしていくことを意識しています。

また、僕は食べないとどうしても力を出すことができないので、量を食べようとしてしまいます。DNAの検査結果をみると肥満傾向が強い体質であることが判明しているため、注意する必要があります。こうした事情を抱えているので、バランスはとても大切です。

それにしても、どうしてここまでボディメイクに一所懸命になっているのでしょうか。理由としては、幸福感を得られる、体のシルエットがカッコよくなる、パートナーに喜んでもらえるなどがありますが、僕にとって最重要の理由はやはり「仕事のパフォーマンス」が上がるという点です。

ボディメイクを始めてからまだ約2年ですが、パフォーマンスは120%にアップしたという実感があります。以前とは集中力の高さがまったく違うのです。ボディメイクを始めてから、僕の仕事のスピードは確実に速くなりました。

もう1つの理由を挙げるとすると、健康面でしょうか。明らかなのは、風邪をまったくひかなくなったことです。体調は常に良く、そのおかげでいつもいい気分でいられます。睡眠の質も上がり、目覚めがとても良くなったこともボディメイクがもたらしてくれた利点と言っていいでしょう。

複雑なことは何もしていません。理想の体型になるためにモデルを選び、それに近づくために筋トレをし、食事に気を付けているだけです。ボディメイクに大金を使っているわけでもないのに、僕はこれだけのベネフィットを受け続けています。
ボディメイクをするだけで誰もがこうしたメリットを感じられるのです。やろうと思えば、今日からでも始められます。意識を変え、今すぐに第一歩を踏み出してみてください。

NEW HABIT 19
新習慣
筋トレで集中力を高め、仕事のパフォーマンスを上げる。

自分の限界からスタートする「ボディメイク」

ボディメイクの大切さを説明したところで、次に僕自身のルーティンを紹介してみましょう。

朝起きると、僕はまず白湯《さゆ》を口にします。オートファジーの作用を活《い》かすため、朝食は食べません。

オートファジーは細胞の恒常性を保つための体の機能で、細胞内の老廃物や有害物質などを回収して分解し、新しい細胞にリサイクルする仕組みです。現在は断食をすることで、オートファジーを活性化させることができるとも言われており、胃や腸内の環境を休ませる効果もあります。

胃腸を休ませると、体調が良くなるだけでなく、肌のターンオーバーが早まってきれいになり、睡眠の質は上がっていきます。この効果を最大限に得るため、僕は前の晩の夕食のあとは、翌日の昼食まで固形物を出来るだけ口にしないように意識しています。また、昼食は普通にとりますが、必ず野菜から食べ始めます。

1日に2リットルの水を飲むことも僕のルーティンの1つです。お酒と糖質はできるだけ控えますが、絶対にとらないというわけではありません。

ボディメイクの肝でもある筋トレについても触れていきましょう。

僕は週3回、1回1時間ほどの筋トレを行っています。また信頼のおけるパーソナルトレーナーに時々ついてもらい、トレーニングをするのがルーティンです。

パーソナルトレーナーをつけるのは、効率的な筋トレを行うためです。専門家である彼らは、僕のコンディションに合わせ、どのようなトレーニングをするのがベストなのか的確に教えてくれます。また、理想とする体型を伝えれば、その体型を作っていくためのアドバイスも受けられます。

パーソナルトレーナーについてもらうようになってから、僕は新しいトレーニングの方法を色々と学ぶことができました。

驚きだったトレーニング法の1つに、自分の限界からスタートするというものがあります。「もうこれ以上、ウェイトは上げられない」という地点でトレーナーに補助に入ってもらい、そこからもうひと踏ん張りしてウェイトを上げていくのです。こうすることでけがを防ぎながら、自分の限界値を超えることを目指します。

また、このトレーニングは自分の意識を変えてくれるきっかけにもなりました。仕事でも普段の生活でも、何かをしているとある時点で限界を感じるものです。ほとんどの人が、いったんそこであきらめてしまいます。

　ところが、**実際はまだ余力が残っていて、もうひと踏ん張りできる**のです。こうした気付きもトレーナーについてもらうことで得ることができました。

「ネガティブな動きが重要」ということも学んだことの1つです。重いものを持ち上げる力だけを付けるのではなく、重いものをゆっくり下ろす力を付けるほうが難しいと教えてもらったことで、それまでまったく意識していなかった筋力に興味を持てました。

　単独での筋トレでは、ネガティブな動きのトレーニングをするのは簡単ではありません。

　ところがトレーナーがいると、補助してもらいながら限界値を超えたウェイトを上げ、そこからゆっくりとウェイトを下ろしていくことが可能になります。このトレーニングをすると、さらに重いウェイトを持ち上げるための効率的な筋力アップが図れるのです。

　トレーナーをつけたことで、僕の筋トレは多彩なものに変わりました。また、望むところに的確に筋肉がついていくので、まさにボディメイクをしているという実感を得ています。

これらが基本的に僕のこなしているルーティンです。
食事に気を付けて、筋トレを週3日行うだけで、僕は思い描いていた理想の体型とパフォーマンスを手に入れることができたのです。

NEW HABIT
20
新習慣

週に3回の筋トレと節制だけで理想の体型は手に入る。トレーナーをつけて効果的なトレーニングを行うこともできる。

必要以上のものは口にしない

ボディメイクを始めると摂取カロリーに対する意識が芽生えるので、確実に口にするものが変わるでしょう。実際、パーソナルトレーナーと話をしていると、8割くらいの人が「体作りのカギを握るのは食事の管理」と言います。

食事の管理はとてもシンプルです。必要な摂取カロリーを決めたら、あとはそれに従っていけば正確な管理ができます。

簡単なことですが、実際は「できない人がほとんど」です。居酒屋でさんざんお酒とつまみを口にして、もうすでにお腹いっぱいなのに、締めのラーメンまで食べてしまう……悪い例の典型です。

実は、かつての自分もそうでした。今振り返ると、「あれは太るためのトレーニングをしていたんだな」と思います。食べる必要はないのに、習慣になっているので我慢しても食べ続けてしまうのです。

大切なのは、やはり意識を変えることです。**考え方を逆転させて、「必要以上のものは口にしない」ことを習慣化していけば食事のパターンは変わり、健康面でのベネフィットを享受できるようになります。**


食事の管理をする上では、食事をする時間に気を付けることも大切です。特に夕食の

時間は睡眠に大きな影響を与えるので、注意を払いましょう。夕食は、9時までに終わらせるのが理想です。

ただし、これを言うと、「毎日8時まで仕事しているので、そんな時間に食べるのは難しい」という反論が返ってきます。厳しいようですが、**仕事を言い訳にしているうちは食事の管理はいつまで経ってもできない**でしょう。

仕事が8時まで続いても、食べ終えるのは十分に可能です。僕が尊敬するボディメイクの達人たちは、仕事が夜まで長引きそうなのがわかると、いったん仕事をきっぱりと中断して、夕食休憩を取っています。

どうしてもそれが難しいようなら、昼食をしっかりと取り、夕方の時間帯にプロテインを摂取するだけにして、夕食を抜くという方法を取り入れてください。

夕食に関しては、おそらく多くの人が、「仕事を終えてからゆっくりと取るもの」という固定観念を持っているのではないでしょうか。しかし、ボディメイクのために仕事を中断するという考え方を持つだけで、自分の固定観念は大きく変えられます。

もちろん時には例外もあります。友人宅でホームパーティーをしたり、自宅に友人を招いたりすることもあると思います。そんな場合は、友人とのコミュニケーションを優先し、9時以降の飲食を認めましょう。

普段からしっかりと食事の管理ができていれば、すでに太らない体質になっているので、1日くらい不規則になっても問題は起きません。

NEW HABIT
21
新習慣

必要なカロリー計算から行い、夕食の時間を早くしてみる。

プロテイン、サプリ、漢方を試してみよう

ボディメイクの一環として、僕は毎日プロテインとサプリメントをとっています。

プロテインは、寝る前と筋トレのあとに摂取するのがルーティンです。

以前は起床後に飲んでいましたが、朝は白湯だけを飲むようにしています。空腹時にプロテインを飲むと肝臓に良くないというエビデンスも出ているので、それも止めた理由の1つです。

僕が今、ルーティンとしてとっているのは、体が必要とする栄養素がすべて詰まった完全栄養食のヒュエル（Huel）と、匂いケアと美容効果に効果のあるアスタキサンチン、マルチビタミンです。

プロテインもサプリメントも、人によって必要な分量や栄養素、好みなどが異なるので、結局は個人で色々と試して自分にとってベストなものを選んでいくしかありません。肌を守ってくれるビタミンDのサプリメントであれば、誰にでもすすめられると言ったところでしょうか。ただし、アレルギーなどには気を付けてください。

ところで、以前の僕は、長時間のデスクワークによるものなのか、冷え性という問題を抱えていました。

体を冷やすことは、心身にとって非常に良くありません。そこで、これを解消するために滋養強壮の漢方と言われる高麗人参《こうらいにんじん》と冬虫夏草を煎《せん》じて飲んだところ、冷え性はずいぶんと改善されました。血行促進にもいいので、アンチエイジングの効能も期待できるはずです。

いずれにしても、人によって向いているものは異なってくるので、色々と試したあとに自分に最も合ったプロテインやサプリメントや漢方を選ぶのが正解だと思います。

NEW HABIT

22

新習慣

自分にとってベストなプロテインやサプリメント、漢方を探してみる。

Chapter 4

稼ぐ力を高めよう

～自分の商品を作り、広めるスキル

40

自分のサービスを作る技術

資本主義における時間とお金の仕組み

40代は、30代のころまで以上に、やりたい仕事に精力的に取り組む一方で、自分の資産と将来の人生設計を考えながら老後の準備をスタートする時期でもあります。

僕自身、40代の真っ只中《ただなか》で直面した新型コロナ禍をきっかけに、自分の仕事のスタイルや投資のポートフォリオを本格的に見直しました。その過程で将来の資産形成についても考え直しました。

お金の不安を解消しながら、時間と場所に縛られない生き方をつくりあげてきたのです。

そんな経緯もあり、これから心機一転を図って資産形成を始めたい40代の読者の皆さんに、資産形成の方法についてアドバイスを贈りたいと思います。

そもそも、資産形成やマネタイズを考えるとき、僕がいつもお伝えしているのは、**「これからの40代は誰もが「ビジネスオーナー」（自分で作業をしなくても、他人あるいは機械に作業をしてもらうことで収入を得られる存在）になることを目指すべきだ」**ということです。

そこで本章では、ビジネスオーナーを目指しながら、投資を始める以前の資金のねん出方法についてお伝えしていきます。その内容を参考にして、ビジネスオーナーになるための第一歩を踏み出してください。

では本題に入りましょう。

お金の勉強をするための定番本に、ロバート・キヨサキさんの『金持ち父さん貧乏父さん　アメリカの金持ちが教えてくれるお金の哲学』（白根美保子訳、筑摩書房）があります。日本では2000年に刊行され、現在も売れ続けている本です。

ロバート氏の書籍シリーズのなかに、働く人たちを4つのカテゴリー（E、S、B、I）に分けて説明する「キャッシュフロー・クワドラント」があり、僕はそれを今でもしばしば思い出します。

図2　ビジネスパーソンの4分類

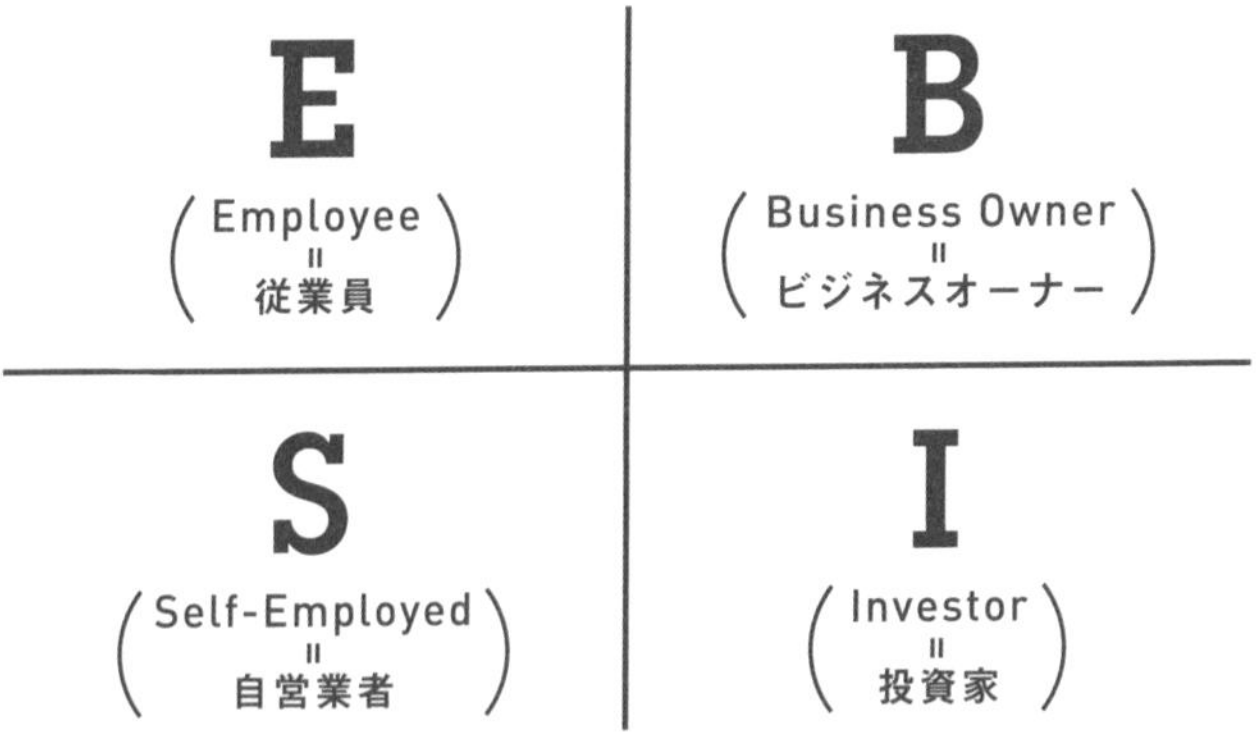

40代からは右側の「B」「I」の要素を取り入れる!

出典：ロバート・キヨサキ著、白根美保子訳『改訂版　金持ち父さんの投資ガイド　入門編　投資力をつける16のレッスン』（筑摩書房）

まずは図2を見てください。この図では、Eはサラリーマンなどの労働者、Sはフリーランサーやスポーツ選手などの自営業者、Bは委託や自動化の導入によって自分の商品やサービスを販売するビジネスオーナー、Iは投資家を示しています。

注目してほしいのは、このクワドラント（4分割）の資産保有量の比率を見ると、E（労働者）とS（自営業者）の保有量が1割、B（ビジネスオーナー）とI（投資家）の保有量が9割という構成になっている点です。ところが人口比で見ると、その比率は逆転します。

これが意味するのは、世のなかの富の9割はたった1割の人たちに占められており、残りの1割を9割の人たちで分け合っているという事実です。

E、S（左側）とB、I（右側）の間に存在する圧倒的な違いは、資産保有量だけではありません。それは、自由に使える時間の量の違いです。

こうした状況は、両者が得ている収入の種類、お金の稼ぎ方がまったく違うことから生じています。EとS（左側）は時間を切り売りして稼ぐ「労働収入」、もう片方のB、I（右側）は自分の能力やスキルを駆使して自動的に稼げる「権利収入」を得ているため、自由に使える時間の量が大きく違ってくるのです。

この説明を読めば、BとIに属する人たちは、EとSの人たちとまったく異なる思考で動いていることがよくわかるのではないでしょうか。

すでに紹介したように、僕が日頃から「これからの40代は誰もがビジネスオーナーになることを目指すべきだ」とお伝えしているのは、「権利収入」を得て、自分のための自由な時間を持てるようになってほしいからです。

実際、僕がコンサルティングをしているビジネスオーナー育成サロンでは、メンバーに自分の能力やスキルを活《い》かして動画学習コンテンツを制作してもらい、さらにその商品の販売を自動化し、自らが動かなくても売れ続けていく仕組みを構築する方法を教えています。

最初はもちろん、自分の商品やサービスを作ることは簡単ではありません。それをお客様に届けることも、ハードルがとても高く感じられるものです。

それでもやはり、ビジネスオーナーになるには、自分の商品を設計できて、それをお客様に届けられるようにマーケティングを学び、それらを自動化することが必要です。

自分の知識やスキルを高めながら、それを実現できれば、家族を安心して養えるビジネスオーナーになることが可能だと思います。

そして新たに更新し続けなくても管理をするだけで自動的に収入が得られるサイクルが回り始めるのを見届けられるようになります。

「40代からの資産形成」のためにビジネスオーナーになろうと思ったら、こうした仕組み作りに力を入れることが欠かせないのです。

と同時に、投資による資産運用を行い、配当金を受け取ることも考えていく必要があります。「お金がお金を稼ぐ状態」を作り、自分が働かなくても自動的に収入を生み出してくれる仕組みを整えていくのです。

ちなみに、権利収入（自分が労働していない間に自動的に生み出される収入）・不労所得には、一般的に知られているだけでも次のような例があります。

- 書籍出版や楽曲発表などによって生じる印税
- 協会や組織などの立ち上げ後に得られる会費
- アプリを開発して得られる手数料
- 不動産経営による家賃
- 投資による配当金
- 自動販売機の設置場所を提供して得られる場所代
- 独自サイトで企業のサービスや商品を紹介し、サイト訪問者にそれらを購入してもらって得られるアフィリエイト収入
- オンラインで自分の商品やコンテンツを販売して得られる売上

突き詰めて言うと、B（ビジネスオーナー）やI（投資家）の人たちは、これらの権利収入を得る仕組みを作り、お金と自由な時間を手に入れているのです。

では、BとIに分類される人たちは、手に入れた自分の時間を何に使っているので

しょうか。

僕が拠点とするドバイに住むBとIの人たちの例を紹介すると、目先のことに気を取られることなく、10年先のことを考えて行動しているパターンが多いです。

現時点では、ドバイでは課税所得に対して税率が9%であり、BとIの人たちにとってビジネスをするのに理想的な土地と言っていいでしょう。しかし、今の環境がこれからも続くとは限らず、突然、状況が変わっていくこともあるかもしれません。そのときのことを考え、本人と家族が10年居住可能なゴールデンビザの申請などを行い、先手を打っているのです。ドバイは現在、こうした人たちで溢《あふ》れかえっています。

かつて僕の拠点が香港《ホンコン》だったときも、そこには税制や金利、法律などの面でビジネスをするには理想的な環境が整っていました。オフショア（海外）地域としては日本から一番近かった香港はとても魅力的な土地だったのです。

しかしながら、環境は常に変わります。中国本土からの影響力が強まるにつれ、ビジネス面での締め付けが厳しくなった結果、次第にシンガポールに注目が集まり始めました。さらにそれから数年後、あまりにもコストが高くなり過ぎたため、次に中東地域に関心が移っていったのです。こうした状況の変化が、僕がドバイを拠点に選んだ理由の

1つになりました。

ここまでの話を読んで、今の自分には縁遠いと感じている人もいるでしょう。しかし、時間をかけながら副業を始めたり、起業をしたり、**ビジネスの土台を築いたりしていけば、誰でもビジネスオーナーになれると僕は考えています。**

現在、企業に勤めていたとしても、会社が急に倒産してしまうかもしれないのです。もしもそうなれば、否《いや》が応でも今までの生活を変えなくてはなりません。また、新しい生き方を模索した結果、転職や独立を思い立つことも十分に考えられるでしょう。

流動性が高まる一方の今の時代、個人で稼げる力を身に付けておくことはメリットが大きいのです。

結局、図の左側（E、S）に居続ける限り、時間を切り売りするしか稼ぐ方法はありません。こうなると、いつまで経っても40代のラットレース（働いても、働いてもお金が貯まらず、資産形成のための投資を始められない）から抜け出せないでしょう。自分のためだけに使える自由な時間を増やそうと思ったら、左側から脱し、右側（B、I）に行かなければならないのです。

確かに、Ｅ（従業員）であっても高い給料をもらえれば、それなりの貯金はできるかもしれません。しかし、今の日本の場合、20代で金融資産２０００万を超える単身世帯の数は全体のわずか１％程度に留《とど》まります。30代で５％程度、40代で10％程度に限られています。さらに２人以上の世帯の場合、20代の金融資産で２０００万円を超えるのはわずか１・２％、30代で６％程度、40代で10％程度と非常に少ない状況です。

仮に40代から貯め始めたとしても、10年後には50代になっている状況を考慮する必要があります。人生１００年時代とはいえ、やはり時間は限られているのです。10年もの時間をかけて結果を出すのは、正直言って効率的ではありません。

こうした状況で、どうすれば資産形成ができて、自由な時間を手に入れられるのでしょうか。

次の項目からは、僕がこれまで考えてきた具体策についてお話をしていきます。

NEW HABIT
23
新習慣

ビジネスオーナー、投資家を目指していくことは、40代だからこそ始められる。時間と場所にとらわれず、個人で稼げる力を身に付ける。

リスクを抑えた儲かるビジネスの4原則

「ビジネスを立ち上げるなんて、ハードルが高過ぎる」

実際のところ、そう感じる人も多いはずです。そんな人たちのために、ここからは自らビジネスを立ち上げるための方法をアドバイスしていこうと思います。

ビジネスを立ち上げる際の基本姿勢として僕がいつも紹介しているものに、堀江《ほりえ》貴文《たかふみ》さんがかつて提唱していた「絶対に儲《もう》かるビジネスの4原則」があります。それらは次の4つです。

①小資本で始めることができる（初期投資が必要ない）
②在庫を抱えない
③利益率が高い
④定期的な収入が見込める

この4原則は、今もまったく古くなっていません。これらの条件がそろえば、ビジネスは必ずうまくいきます。

例として1つ目の「少ない資本で始められる」について言うと、仮に途中で止めたとしてもリスクは最小限に抑えられるので、すぐに次のビジネスアイデアに挑戦できるというメリットがあるのがわかるはずです。

これらの原則に当てはまるもので最初に頭に浮かぶのは、何と言っても**オンラインによるビジネスとSNSを活用したマーケティング**です。SNSをうまく利用すれば、少ない資本でも個人で提供できるサービスや商品は実にたくさんあります。**例えば、エンジニアやデザイナー、ライター、マーケターといった職業に就いている人は、自らのスキルをすぐに商品化できると考えていいでしょう。**

そもそもビジネスの基本は、人の悩みや困りごとを解決してあげることです。そうした悩みや困りごとを解消するスキルが自分にあれば、すぐにでもビジネスに結び付けられます。

恋愛の悩み相談に長《た》けていれば、恋愛コンサルタントとしてそれも立派なビジネスになります。

すでにビジネスを行っている人が、その発信方法、サイト制作のデザインで困っていて、自分の手持ちスキルがそれを解決することに役立てば、これも立派なビジネスになり得ます。クラウドソーシングを利用して新たな発注主を見つけても良いですし、SNSを通じ、自分自身で仕事を募ってもよいでしょう。リアルとオンライン併用で塾を開くこともできるかもしれません。

ここで思い出してほしいのは、40代ともなれば、誰もが色々な経験をしてきたという事実です。そうした経験はとても貴重であり、他人の悩みや困りごとの解決に役立つ可能性を十分に秘めています。

それを活かしてSNS上でビジネスを展開する方法は、「儲かるビジネスの4原則」にもぴったりマッチしています。

では、現時点で自分の商品やサービスが用意できていない人は、どうすればいいのでしょうか。僕がいつも「一度やってみてください」とアドバイスしているのは、「自分にできることは何かを再確認するために紙に自分史を書き出して、頭のなかのプランをすべてマインドマップに描く」という作業です。

現在、僕もサービスの企画を作るときは、よくマインドマップを利用します。マインドマップを使って頭のなかのアイデアを整理していくと、企画の段階で売れないサービスの排除ができるのでとても便利なのです。実際のところ、このプロセスを経ることで、売れるサービスが作りやすくなるのです。

マインドマップが完成したら、それを基にサービスの開発を始めます。当然ですが、その途中のプロセスでは何度も修正を繰り返し、クオリティを高めていくことが不可欠です。

ちなみに僕がいつも使っているマインドマップは、Xmindという無料のアプリケーションです。

マインドマップには、サービスのコンセプトから始まり、想定される顧客像、値段、期待できる売上、顧客の満足度を上げていくための工夫などを書き込んでいきます。

これらをすべて書き出して頭のなかを整理するだけで、売れないサービスの開発を回避することができるのです。

YouTubeの動画作成にも同じことが言えます。**評価の高い動画の裏には、たいてい優れたプロットの存在がある**ものです。

評価の高いサービスを提供しようと思えば、それを作るための設計図は欠かせません。場当たり的に動き出したプロジェクトは、結局のところ、最後にはほとんどコケてしまう運命にあると言っていいでしょう。

僕は今まで８００社以上のプロジェクトを見てきましたが、そのほとんどを成功させています。なかには、クリエイティブディレクションを手掛けたサプリメントが、18億円ほどの売上を達成するヒット商品となった事例もあります。

あまりにも競合との資本が違い過ぎる農機具メーカーを長年ディレクションし、自社のコアなファンを作るための戦略に携わった経験もあります。このときも、プロジェクトの参加者と共に戦略と戦術を細部まで明確化し、商品や自社の強みを活かして、お客様に選ばれる商品を作り上げていきました。
このような仕事の結果、先に紹介した売上18億円という大ヒット商品を生み出し、いつまでもリピートしてもらえるブランドを構築することができたのです。

NEW HABIT
24
新習慣
儲かるビジネスの4原則を押さえる。自分のスキルを活かしたアイデアを「マインドマップ」に書いてみる。

20～30代のスキルを商品・サービスに変える

では、マインドマップを使いながら、具体的にはどんな商品やサービスを生み出すことができるのでしょうか。例を挙げていきましょう。

・SE、エンジニア

ランサーズなどのクラウドソーシングを利用し、発注主である企業や個人のサイト制作、それに伴うコーディングの請け負いができます。グラフィックデザインのスキルがあれば、サイトのデザインや運営まで携わることができ、継続的なギャラの受け取りも可能でしょう。

・ヨガセラピスト

オンラインでスクールを開くことは、世界中、どこにいてもできます。新型コロナ禍以降、家での滞在時間は増える傾向にありますし、健康志向の高まりもあり、ニーズは右肩上がりの状態が続いています。もちろん、リアルとオンラインの併用も検討できる仕事です。

・ライター（コピーライター）

「正確かつ、相手に伝わる日本語が書ける」というのは、当事者が考えている以上に価値のあるスキルです。魅力的なキャッチフレーズを作り出せるコピーライティングのスキルも、SNSで情報発信を行う機会の増えた企業にとって重要なものです。プレスリリースや、企業の新商品の紹介記事の執筆に加えて、企業の理念や指針を世のなかに伝えるサイトの文章制作を受注できる機会も増えていくでしょう。

・恋愛コンサルタント

こんな仕事もあります。人生100年時代を迎える一方で、未婚率は上昇を続け、独身生活を続けることに不安を覚える人は僕たちが感じている以上に多いのです。

恋愛や結婚の希望を叶《かな》えるために、個人と向き合って相談に乗り、アドバイスをする仕事は対価が払われるのに値するものです。先ほど述べたように、「悩みや困っていることを解決する」＝「課題解決に役立つこと」がビジネスの原点であることを考えれば、こうした新しい仕事が生まれてきていることにも納得がいくでしょう。

読者の皆さんのなかには、会社での勤務もあるのに、さらに自分の時間を割いてまで、これらのサービスを立ち上げるのは手間でしかないと思う人がいるかもしれません。

しかし、最初に自分の商品価値をしっかりと定め、伝えたいコンテンツと発信のシステムさえ築くことができれば、あとは半ば自動化しながら受注を続けていくことができるようになるのです。

SNSが浸透した今日、営業のために自分から足を使って売り込むという時間的コストは、ありがたいことに消えてなくなりました。**発注主に自分の存在に気付いてもらえるような体制を整えておけば、営業は自動化できるのです。これにより、純粋にサラリーマンだけで所得を得ている人よりも効率的に資産を増やすことができ、自由な時間も増えていきます。**

この事実に一足早く気付いた人は、すでにこうした取り組みを始めているのです。

誰もが1つは持っている「スキル」と「ストロングポイント」

さらに話を深めていきましょう。

商品化できる自己資本の大きな部分を占めるのは**「自分のスキル」と「ストロングポイント」**です。仮にあなたが「自分は平凡な人間だ」と思っていても、探してみると必ず「自分のスキル」や「ストロングポイント」を見つけられるので安心してください。

例えば、システムエンジニアをしている人なら、その時点でかなりのスキルとストロングポイントを持っていると言えます。システムエンジニアとしての経験があれば、今すぐにでも世界に出て、好きなところで働くことができるでしょう。実際に外国で働いてみると、システムエンジニアとしてのスキルとストロングポイントに加え、「海外で働いた経験のあるシステムエンジニア」という新たな自己資本（ビジネスを行う土台になる総合的なスキルや環境）が積み上がります。そのノウハウや経験を知りたい人は必ず一定数存在するので、それを商品化してＳＮＳで発信すれば、お客様は増えていくはずです。

別の例として、ウェブデザイナーにもシステムエンジニアに似たメリットがあります。リモート環境での仕事が可能になった今、エンジニアやデザイナーのような「スキル」や「ストロングポイント」を持った人たちは場所を選ばず自由に働けるようになったのです。

若い人たちを中心に今、海外で仕事をしたいという人たちが徐々に増えています。そうしたことから、実際にエンジニアやデザイナーとして海外で仕事をした実績があれば、その方法を知りたいという人を相手に**「教えるポジション」**が取れるでしょう。

そのノウハウをきめ細かく商品にし、それをＳＮＳで提供することでいくらでもマネタイズが可能になります。こうした形で、自分の仕事とは別にもう1つの収入源を作ることができます。

さらに別の例を挙げると、本業で広報の文章や、その他様々な文書作成に携わってきた人たちは、ライティングスキルを教えるポジションを取りにいけます。

X（Twitter）を筆頭に、今やひっきりなしに文章を書き綴《つづ》っている人がたくさんいる時代です。彼らのなかには、もっと文章を上手に書けるようになりたいと思っている人が大勢います。そうした人たちに向けてメッセージを発信し、自分のフォロワーになってもらうのです。

数々のスキルのなかでも、英語はキラーコンテンツの代表格と言っていいでしょう。日本人が一番学びたいものとして、英語は常にトップにランクされています。

成人してから英語を学習するとなると、これまでは英会話スクールに通うのが一般的でした。しかし今では状況ががらりと変わり、英会話スクールの先生から学ぶのではなく、自分に合った独特の教え方をしてくれる人から学びたいという時代にシフトしてきました。

この場合、入口となるのは圧倒的に動画コンテンツのYouTubeです。英語のコンテンツ動画を流して自分の存在を知ってもらい、プライベートレッスンにエントリーしてもらうのもいいと思います。

どんなスキルやストロングポイントであっても、他人より少しでも秀でていれば「教えるポジション」は十分獲得できます。自分のなかに潜むスキルやストロングポイントを探し、それを活かして自らの可能性を広げていってください。

NEW HABIT
25
新習慣

誰でもこれまでの仕事で培ったスキルと経験を持っている。「人に教えられること」は必ず商品・サービスに転換できると心得る。

コンテンツ化（商品化）の流れ

自分のストロングポイントやスキルを「コンテンツ化」すると言っても、なかなか具体的なイメージが湧かないかもしれません。そこで、ウェブデザイナーが初心者向けにウェブサイトの作り方をコンテンツ化して提供するという設定で、コンテンツ化の大まかな流れを説明してみようと思います。

まず初めに行ってほしいのは、コンテンツ化をする際に、自分が教えられる内容をすべて書き出す作業です。

多くの人に見てもらえるサイトを作るためのデザインのコツや、自分がこれまでどういうサイトを作ってきたのかというプロフィールなど、コンテンツとして含めたい内容をすべて文字として書き出していきます。

次に、書き出したものを見ながら、コンテンツ化（商品化）のための設計を考えていってください。実際に簡易的なビジュアルとして商品（あるいは商品販売）ページを確認するためには、Adobe IllustratorやCanvaなどのデザインツールアプリを使うといいでしょう。

なお、映像コンテンツやオンライン講座を作成する際にはMacを使い、Quick Time、

iMovie、Premiere pro、Filmoraなどのツールを利用するのがおすすめです。

例えば、YouTubeで動画をアップするのであれば、1回の動画の長さをどれくらいにするか決め、最初はどんな内容からスタートするのかプランを立てていきます。これを少なくとも50本分、可能であれば80本分の教材として実際に動画にしていくのです。

この作業は、すでに紹介したマインドマップの手法を使って行えます。その場合は、フリーのアプリをダウンロードして活用してみるといいでしょう。

また、オンラインサロンなどのコミュニティ運営型のビジネスを行う際には、Thinkific、Teachableなどの自動化ツールを使えば、動画アップロード、受講生の管理、決済までを一気に行うことができます。


ウェブデザイナーのケースを紹介しましたが、そのほかの分野でもいくらでもコンテンツ化は可能です。

例えば、大工さんがYouTubeの動画をアップしているのを見たことがあります。これもとてもいい内容でした。家のなかのスペースの増やし方を紹介していたり、日曜大工のコツを伝授していたりするなど、実用性が高く、多くのチャンネル登録者を獲得していました。

農業を営んでいる人も、優良なコンテンツを提供できる潜在力を十分に持ち合わせています。お米でも野菜でも、食べ物に関することは実に多くの人たちの関心事です。家庭菜園をしたいと考えている人はたくさんいるので、野菜の作り方をコンテンツ化するだけでも需要はあります。

そのほか、季節ごとの旬の野菜を教えたり、スーパーマーケットで野菜を買うときの選び方をアドバイスしたりと、コンテンツの内容には困りません。

さらに言うと、食べ物は料理と直結しているので、野菜を使った料理を紹介するコンテンツを加えるとアピール力が抜群にアップするでしょう。世界中で日本食の人気が高まっているので、英語の解説を付ければ注目してくれる人の数を伸ばすことも期待できます。

大工や農家という専門性が高い職業に就いていなくても、コンテンツの作成はいくらでもできます。

ごく一般的な例が、企業の営業マンです。顧客相手に営業をする際のマナーや話し方、メール文章の作り方など、それぞれの業界で独特の方法があるので、それをシェアすることで多くの人が興味を持ってくれると思います。

見る側は、そのコンテンツの内容を自分の仕事に活かすだけでなく、単純に自分が属する業界とは異なる世界の話を知ることに面白味を感じてくれることでしょう。

接客業も、コンテンツ化という点で言うと非常に魅力的です。飲食店から始まって、ホテルやデパート、美容室、スポーツクラブなど、どんな業種で働いていても接客を伴う場面は必ずあるので、接客ノウハウを知りたいという要望は常に存在します。

ここまで見てきてわかるように、何らかの仕事をしている限り、誰もがほかの人に教えることのできるスキルやストロングポイントを持っているのです。特に40代ともなれば、20代、30代で積み重ねてきた経験があるため、スキルやストロングポイントに対する信頼度は自《おの》ずと高くなるでしょう。

「平凡な会社員の自分には教えられるものはない」

こんなふうに決めつけてしまう人も多いのですが、冷静に考えてみると、40代の人たちは他人に教えられる知識を豊富に持っているものなのです。

事実、日々の仕事の現場では部下や後輩に様々なことを教えているのではないでしょうか。まずは、それらをすべて紙に書き出し、内容を組み立ててコンテンツ化を行ってみてください。そこまでできれば、自作のコンテンツを商品として提供し、実際にマネタイズするのも夢ではなくなります。

自分より若い世代からも学べ！

新しいことにチャレンジする際の注意点として、40代の多くが抱える「年下からは学びたくない」という意固地な姿勢があります。こうしたバイアスは、すぐに捨て去るべきです。40代になったらむしろ「優秀な次世代から学ぶ」気持ちでいたほうが確実に自分のためになります。

そうは言っても、40代ともなると、ある程度の経験値があるため、自分のプライドが邪魔をして素直に周りの意見が聞けなくなる人が出てきます。

しかし、新しいジャンルにおける学びにおいては、年齢は関係ありません。それを持ち出すのは、古い社会にいつまでもすがっていたい人だけです。そんな古いルールには縛られず、すでに成功している実力者から素直に学び、実を取っていきましょう。

僕は以前、様々な分野で20代の実力者たちにコンサルを依頼していたことがあります。SNSマーケティングやグラフィックアート、デジタルITの新しいスキルは、若い世代の感覚に頼ったほうが確実な結果を出せるため、彼らに教えてもらうことにしたのです。実際のところ、彼らのスキルにはお金を払ってでも学ぶだけの価値が十分にあります。

彼らの感覚が新しく、自分の感覚がとても古いと思ったのは、LINEやメールでのやり取りの仕方でした。

若い彼らは、短くて効率の良い文章の書き方や、効果的なスタンプの使い方をよく知っており、絶妙な距離感でコミュニケーションを図ってくるのには正直、驚きました。

一方、相手に内容を丁寧に伝えることを意識し、長文のメッセージを送っていた僕は、彼らとのやり取りを経験して、「『おじさん化』がかなり進行しているな」と痛感させられたものです。

その後、**彼らのスタイルを取り入れた僕は、相手の時間を奪わないようにメッセージは短文でまとめ、相手との距離感も意識しながらコミュニケーションを心掛けるようになるくらい**彼らから影響を受けました。

「おじさん化」が進むと、長々とメッセージを記し、最後に結論を持っていきたがる癖が強くなります。ところが若い世代の人たちは、一言で用が済むときには文字さえも書かず、返事の意図が伝わるユーモアに富んだスタンプを相手に送ってやり取りを終わらせてしまうのです。

若い世代の感覚から学ぼうと考えている僕は、20代とのこうしたコミュニケーションを大事にしようと考えています。これからも新しい分野でわからないことがあったら、「自分は40代だから」ということを足かせにせずに、彼らから学ぶという選択肢を常に持っておくつもりです。

若い世代のコンサルから学ぶ以外では、コミュニティに入ったり、勉強会やセミナーに参加したりという方法もあります。

ただし、参加を決める際には細心の注意を払ってください。その理由は、有益な中身がまったくないのに、高額な参加費を要求してくる勉強会やセミナーが数多くあるからです。極端な話、SNSには、詐欺のような勉強会やセミナーがそこら中に溢れています。

最初のうちはある程度の試行錯誤は避けられないのも事実です。僕自身も痛い思いをした経験があります。

大きな失敗を避けるための方法として、僕がいつもお伝えしているのは、「**リアルで本人に会ったほうがいい**」ということです。

今はネット上でいくらでも知り合いを作ることができる時代です。とはいえ、人間関係について言うならば、やはり直接会ってコミュニケーションを図ることの重要性は依然として揺るぎません。

自分がやりたいことをすでに行っている人や憧《あこが》れている人がいたら、実際に会って話をし、その人の経験や知識を吸収していくのがベストです。こういう方法であれば、怪しい勉強会やセミナーに騙《だま》されたりはしません。

僕自身の場合も、気になった人には会いに行くように心がけています。実際に会いに行くときは、相手の所在地が遠くであればあるほど、出会いから得られるものが深くなるような気がします。論理的に証明はできません。しかし僕はいつもそうしています。

例えば、僕はこれまでに、自分がどこに住んでいようが、相手がドバイ、またはタイ、マレーシアなどの様々な国や地域にいようが、迷わずそこまで会いに行っています。

これは別に、お金や時間に余裕があるからではありません。お金や時間がないときからずっとそうしてきました。それは、人とリアルに直接会うことの影響の大きさを知っているからです。

重要なのは、やはり人と人との直接的なコミュニケーションだと僕は考えています。儲けや利益を先に考えていると、ろくなことはありません。まずは自らの行動によって築かれるラポールを優先すること、そして実際に体を動かすことが大事です。

NEW HABIT
26
新習慣

若い世代と意識的に付き合い、考え方を吸収する。

SNSマーケティングで商品を広める

SNSは自己資本を飛躍的に高める！

SNSには、当然ながら魅力的なところがたくさんあります。

まず挙げられるのは、無料で利用できるという点です。初期費用がいらないというのは、ビジネスを行う際にはかなり大きなメリットとなります。

SNSは、マーケティングのツールとしても最良だと断言します。その最大の理由は、**あきらめずにコツコツとやり続ければ、ほぼ確実にSNSユーザーからの認知を獲得できる**からです。

最初は何を発信してもなかなか人には届かないものです。まずはそこを第1段階と考えて、人に選ばれない欠点を検証し、それらの欠点がなくなるまで何度も改善していきましょう。その後、徐々に人に選ばれるためのマーケティングスキルが身に付いてくると、必ず誰かの目に留まるようになり、最終的には自分の商品やサービスを売れるところまでたどり着けます。

一般的なビジネスの場合、プロジェクトがスタートし、売上が立った時点で終わるというのが1つのパターンです。そして次にまた新たなプロジェクトがスタートすると、再びゼロからマーケティングを開始するというプロセスをたどります。

SNSを使ったマーケティングには、そもそもプロジェクトの終了は存在しません。SNS運用をしている限り、継続して顧客のリスト資産を溜《た》め続けることができます。自分の商品や新たな展開を告知する際に、ダイレクトにユーザやお客様に対して、効果的な情報を届けることができます。

このダイレクト・レスポンス・マーケティングは、お客様との距離感をより近くし、信頼関係を築きやすいのです。

これまでのビジネスでは、体験会や相談会、イベントに参加しながら、顧客1人ひとりと信頼を築いていく必要がありました。本当に大変な作業で、必要な費用もリソースも大きかったのです。SNSは、一度に多くの人たちとの関係を築くことを可能にしたのです。

こうしたレバレッジの利いたマーケティングは、何よりも重要です。

例えば僕の場合、何も知らない状態からXを始め、クリスマスもお正月も、高熱が出ても休むことなく、**1年間、毎朝5時半から約2時間かけて発信を続けたところ、4万人以上のフォロワーを獲得することができました。**

通常、4万人以上の人に何かを宣伝するとなると広告費がかかります。しかし、自分のフォロワーに向けて情報発信をするだけなら、広告費は一切かからないのです。これはとても大きな魅力と言えます。

今後も発信を続けていけば、フォロワーはさらに増え、認知度は今以上に高まるでしょう。そんな状況のなかで定期的に独自のサービスを紹介していけるのですから、マーケティングの手法としては非常に効率がいいのです。

利点はほかにもあります。

僕は今、SNSを通じて自分が運営しているコミュニティのメンバーを募集しています。

ただし、実際にエントリーしてもらえるのは、コミュニティ全体の思いを共有できる人、僕の発信をきっかけにコミュニティに興味を持ってくれた他のメンバーとうまくつながれる人、そして僕が提供するサービスや商品によって悩みを解決できる人だけです。それを徹底するため、希望者との個別面談を行った上で、僕はエントリーの可否を決めています。ここまで厳格にしているのは、コミュニティ内の情報やサービスが価格に見合うものだと実感してもらうためです。

今後、さらにコミュニティのメンバーが増えることでメンバー間の交流がより盛んになり、学べる内容や体験が今以上に充実していけば、サービスや商品の価値は自然と上がっていくでしょう。

そうなれば、半年以内には価格を値上げすることも考えられます。こういう方法で常にレバレッジを利かせ、自分の提供するサービスやビジネスの価値を上げ続けられます。

資産形成を実現するための近道は、結局のところ、お金を稼ぐ土台となるこうした自己資本（ビジネスを行う土台になる総合的なスキルや環境）を高めることに尽きると思います。

僕の経験上、この積み重ねの努力に裏切られることはありません。

だから、やらない理由はありません。

現時点で僕は、4・9万回のポスト（ツイート）をしてきました。これが意味するのは、4・9万回もハードルを乗り越えてきたということです。この段階にたどり着いた今、僕の目の前には、本格的に発信を検討する前の2年前とはまったく異なる展望が開けています。

あなたにも必ず同じことが起こるのです。

途中であきらめることなく、1つひとつハードルを乗り越えていってください。

SNSが個人にもたらす利益

さて、自分のサービスやコンテンツができあがったら、SNSでマーケティングを行いながら、いよいよそれを販売していきます。商品ができあがった瞬間から、それをどう販売していくかを考えなくてはいけないため、**「自分の商品を選んでもらうにはどうすればいいのか」**と考え、頭を悩ませることになるでしょう。

そうは言っても、試行錯誤を繰り返しているうちに確実にマーケティングのスキルは身に付いていきます。ビジネスオーナーにとってマーケティング力は不可欠なので、身に付けられるのなら制限を掛けようとせず、様々なスキルを身に付けられるだけ吸収していってください。

自らのサービスのコンテンツの魅力を高めるには、次の2つの要素が不可欠だと覚えておきましょう。

1つ目は、自分の発信力を磨くこと。つまり、ブランディングです。これを可能にするには、自分の「ストロングポイント」をうまくアピールする必要があります。

2つ目は、マーケティングのスキルを身に付けること。SNSを見ている人たちのニーズを理解するように心がけてください。

これらの2つの要素が、あなたが販売する商品の質を高めていきます。

2つの要素がうまく働くパターンとして、先ほども紹介した野菜農家を営む人の例を挙げるとわかりやすいでしょう。畑仕事をしている人たちは、その時期の旬の野菜やその調理法を熟知しています（ストロングポイント）。そんな彼らが、SNSを使って野菜に関するコンテンツ発信を視聴者のニーズに沿って続け、さらに自分たちで作った野菜を商品として売り出せば、多くの人たちに興味を持ってもらえるはずです。

マーケティングに関わる話題のため、僕自身の人生を大きく変えてくれたSNSであるXの話もしてみます。ここでは「マネタイズ」という側面から見ていきましょう。

僕は「好きな人と、好きな場所で、好きに働く」をモットーにしながら、これまでずっと自分の力で稼ぐコツをSNS上で発信してきました。

とはいえ、これはあくまでも副業であり、現時点での僕の本業はクリエイティブ分野でのディレクターとして様々なビジネスをデザイン（起業）することです。

ところが、Xのフォロワー数が膨らむにしたがって、「個人で稼ぐ方法や経済的自立への手段」をお伝えするセミナーを開く機会がだいぶ増えてきました。

過去の例を挙げると、コミュニティを作り、240人ほどの参加者を集め、「自由に生きる手法」についてレクチャーする5日間のセミナーを開いたことがあります。

セミナー終了後、参加者の方たちを対象に、本業であるディレクターとしての起業のノウハウを満載した「スタートアップの仕方」を（オンラインの講義として）20万円で売り出すことにしたのです。すると、240名の参加者のなかから、40名の方たちがエントリーしてくれました。こうして僕は、**5日間のセミナーを入口として、広告費を一**

切かけずに８００万円の副収入を得ることができたのです。

これを実現できたのは、なにも僕が有名なインフルエンサーだったからというわけではありません。熱い思いを抱きながらXでの発信を地道に続け、少しずつ僕の考えに共感してくれる人を集めていった結果、叶ったのです。

日本では「マネタイズ」について勘違いしている人がまだまだ多いような気がします。極端な例で言うと、「汗水たらして一生懸命稼ぐのがあるべき姿だ」と考えている人がたくさんいるのです。**お金を稼ぐには、「自分の時間（命）を切り売りしたり、心をすり減らしたりしてまで働くのが当たり前だ」と思っている人もいます。**

しかし、時代はすでに変わりました。**稼ぎ方や働き方に関する考え方をアップデートできれば、好きな人と、好きな場所で、いくらでも好きな仕事ができるのです。**この点については第5章でも詳しくお伝えします。

Xを始めた当初、投稿を続けている僕を見て、「めちゃくちゃ大変なんじゃないか」と思っていた人たちがいました。

確かに、最初の1年間は早朝にポストを行っていたので、大変だったことは間違いありません。しかし、「1年間だけは絶対に続けよう」と決め、それをコツコツと実行したところ、1年間で4万人のフォロワーを獲得することができたのです。

すでに触れたとおり、Xでの発信は、最初はとても苦労しました。自分ならできると過信し、自分のやり方で発信を続けていたせいもあって、まったく結果が出せなかったのです。その事実を冷静に受け止めた僕は、コンサルを依頼し、Xの〝ルール〟を教わることにしました。

そもそも、SNSを通じてつながる相手は人ですが、運用ルールは人ではなく、AIによるアルゴリズムが決定します。Xであれば、Xにとって有益なアカウントでなければ表示回数は減り、多くの人の目に触れられなくなるのです。

今振りかえると、当時の僕は自分が届けたい情報ばかりを発信していました。それがうまくいかない最大の理由だと気付いた僕は、自分の理想を叶えていたインフルエンサーの藤野《ふじの》淳悟《じゅんご》さんにコンタクトを取り、SNS運用のコンサルティングを依頼したのです。

彼のアドバイスに従い、さっそく僕はビジュアルのアイコンを親近感や清潔感のあるものに変更しました。**プロフィールは、自分の実績や権威性、これまでの経験をシンプ**

ルな形で紹介する形式に変え、アカウントの名前はカタカナで読みやすい名前に修正したのです。さらに、アルゴリズムを考慮しながら、最も効果的な発信時間、発信回数を戦略的に整えていき、これらと相前後して、多くの人の関心を引き寄せるための文章スキルも学んでいったのです。

こうして僕は、自分のストロングポイントをうまく運用し、発信する情報を不特定多数の人に届ける極意を摑《つか》んでいきました。

僕にとって、さらに大きな学びとなったのは、SNSを通して共に学び合う仲間を得たことでした。**つまり、横のつながりを持てたのです。このときに築いた人とのつながりや助け合いもあり、1年間で4万人以上の人たちに自分の存在を認知してもらえるようになりました。**

SNSは、運営する会社によってアルゴリズムやルールが頻繁に改定され、刻々と変化していきます。変化に対応するためにも、自分よりも実績や結果を出している人たちとの情報交換はとても重要なのです。

正直、この時期に自分が経験した新たな出来事や出会いは、どれもが衝撃的なものばかりでした。

それまでの40年間の人生で、すでに僕は会社経営を10年以上にわたって行ってきていました。結果を出してきた実績もありました。

おそらく、そんな自分だったからでしょう。バイアスや思い込みが想像以上に邪魔をして、それまで触れたこともない分野の事柄をなかなか受け入れることができませんでした。

とは言っても、40代ともなれば、誰もがリアルな人間関係を経験し、仕事を通して有用な知識を得てきているはずです。バイアスや思い込みを捨てて素直に学び、学んだ内容を吸収していけば、その努力は必ず報われ、結果を出せると僕は信じています。

NEW HABIT

27

新習慣

無料で利用できるSNSは、自作のサービスやコンテンツを告知・発信し、ビジネスを自動で回していくための最強ツール。研究して徹底活用すること。

SNSマーケティングの真の強み

先ほどからお伝えしているとおり、個人でビジネスを立ち上げるのであれば、SNSを活用したマーケティングは必須です。

SNSマーケティングの力を活かせば、自らが提供できるサービスやコンテンツをオンライン上で紹介し、いくらでも販売していけます。

オンラインでの展開となると、不特定多数の人たちを対象に365日24時間営業できるため、実際の営業活動で生じるような制限がなくなります。また、オンライン上での販売なら、売り手は世界中のどこにいてもかまいません。買い手側もどこからでもアプローチできるため、アクセス制限も全くありません。これは本当に画期的なことです。

また、**商品となり得る自分のスキルやノウハウの情報発信の積み上げを今日からスタートし、それを10年間続けたとしても、従来のような「在庫」にはなりません。**むしろ、それまで積み上げていったノウハウがすべて蓄積され、いつでも閲覧できるため商品の価値は上がっていく一方です。

マーケティングをするときは、まず初めに集客をし、興味を持ってくれた顧客に初歩的なスキルやノウハウを教え、その後、より詳しいスキルやノウハウを販売するというのが通常のパターンでした。以前は、セミナーや講習を通じて実際に対面しながら、スキルやノウハウの伝達を行っていました。

しかし今は、SNS上でそれらすべてができるように変わっています。その結果、実に多くの人が自分のスキルやノウハウを提供し始めました。

SNSが浸透するまでは、そのジャンルで名の知れた人から知識を得るのが一般的でした。ところが今は、ニーズにしっかりと応《こた》えてくれさえすれば、ネームバリューはあまり重要視されません。そのおかげで、**〝タレント〟でなくても、個人で活躍できるようになった**のです。

僕自身がその典型例と言っていいでしょう。40代のただの〝おじさん〟が、生き方についてのポストをコツコツと行うことでフォロワーを集めていき、その結果、「より詳しい生き方術を教えてほしい」という要望を得ることができました。僕の試みがうまくいったのは、40代の密《ひそ》かなニーズにマッチできたからです。

どちらかというとあきらめムードが濃くなりつつある40代に向け、「人生の大逆転」

や「カッコよさの追求」「成功の仕方」というテーマに絞り、僕は情報発信をしています。ありがたいことに、こうした情報を待っていた40代は多かったのです。

実際にやってみてわかったのですが、ルックスがいいとか、知名度といった要素は必須ではありません。たとえマスではなくても、ある特定のニーズを必要としている人たちに向けてピンポイントでアプローチすれば的確な情報発信はできます。これがSNSマーケティングの強みと言っていいでしょう。

そんなSNSマーケティングのなかでも、効果の高い手法の1つとしてよく知られているのが、**DRM（ダイレクト・レスポンス・マーケティング）**です。

DRMでは、LINEやSNSの公式のビジネスアカウントを通じて自分のサービスやコンテンツの情報を発信し、興味を持ってくれた人のレスポンスを集めていきます。次に、レスポンスをしてくれた人に向けてサービスやコンテンツの購入を促していくのです。このように、直《じか》に潜在顧客とのやり取りができるため、かなりの販売効果が期待できます。

これらの作業はすべて自動化されており、発信情報の内容をセットアップしてしまえば、自分で手を動かす必要はありません。あとは自分のSNSのフォロワーに向けて定期的にこのプロセスを再現するだけで、繰り返しサービスやコンテンツの紹介ができるのです。

この段階にまで来たら、SNSのフォロワーを増やすことよりも、自分のファンを1人でも多く増やし、サービスやコンテンツを購入してもらえるような、お客様との信頼構築こそ重要です。また、もともと自分が発信する情報に興味を持ってくれた人を相手にするため、一定の販売率や成約率を見込めるのもDRMの魅力と言えます。


僕もこの手法を取り入れて、Xのフォロワーに向けて定期的にコミュニティへの入会をすすめています。コミュニティのエントリー費は20万円です。現時点で僕には6・7万人のフォロワーがいます。仮にこのなかから1カ月に5名の人と契約ができれば、100万円の収入が得られる計算になります。

コミュニティへの入会者が受け取れるコンテンツはすでに完成しているため、新入会者のために新たに準備するものは最小限に抑えられます。もちろん、商品は常にアップデートしていきますが、一度に大量のアップデートを行うわけではないので、余裕を持って作業ができます。

僕の場合、公式LINEを設置し、Lステップ、プロライン、L Messageを設置し、

DRMを行っています。

これらのプロセスの大部分は自動的に行われるので、オーナーの主な仕事は管理とお客様にとって必要なサービスを考えることだけです。僕はこの商品販売をビジネスオーナー業として行うことで、自由な時間を手に入れられるのです。

SNSマーケティングのスキルは、副業だけに限らず、様々な分野での仕事にも活かせるので、ビジネスパーソンであれば習得しておいてまったく損のないスキルです。

大切なのは、とにかく始めてみること

自らの持つスキルやストロングポイントをコンテンツ化するのは難しいと感じ、足踏みしてしまう人もいると思います。しかし、そう考えて何もしなかったら、今の状況を変えることはできません。

難しいと思う気持ちもわかりますが、決してあきらめずに、とにかく一度行動に出てみましょう。**最初は1日30分でもいいのでコンテンツ化のために時間を確保し、実際に手を動かしてください。**

アイデアがなかなか浮かんでこない場合は、すでに同じ分野でコンテンツ化をしている人を探してみましょう。「この人みたいになりたい！」という人が見つかったら、その人を自分のメンターにすればいいのです。特定の1人が見つからなかったら、複数の人を見つけ、それぞれから参考になる部分を学び取ってください。

学び取ったあとは、学んだことを徹底的に真似してみるのです。オリジナリティを出したくなるかもしれませんが、まずはそれを我慢して、成功している人のコンテンツをじっくりと見習います。オリジナリティを出すのは、あとからいくらでもできるので、まずは真似から入っていきましょう。

個人が作る商品で、自分にはそんな特別なものは作れないと思ってしまう方が多いと思います。確かにユーチューバーの中には、カリスマ性が優れており、ファンになった人たちをコミュニティに誘導する人もいます。しかし、成功するのに必ずカリスマ性が必要というわけではありません。

むしろ、一般の人たちは、カリスマ性よりも親近感を抱ける、自分の本当に欲しい情報を丁寧に教えてくれる人を探しています。自分のパーソナリティーより重要なのは、マーケティングと自分の強みを生かし、相手が必要としている情報をより深く丁寧に本気で届けることなのです。再生回数よりよほど大事なのは、信頼です。

例えば、予備校で英語を教えている有名講師より、学校で英語を教えていた元教師の方が、日本の子供の英語教育の事実を語ることができて、そこから多くを学べたりします。

特別なスキルや特殊なノウハウが必ずしも必要なわけではありません。お客様が本当に悩んでいることを、YouTubeやSNSなどのメディアを通して解決することが重要です。

そこには、カリスマ性や華々しさは特に必要ではありません。それよりも、相手に寄り添い、安心感や共感を持ってもらえることが重要です。

これを読んでいるあなたにも、必ずできることがあるはずです。ぜひチャレンジしてみたいと思ったなら、迷うことなく今すぐ始めてみてください。

NEW HABIT
28
新習慣

SNSフォロワーの増加は、サービスやオンライン講座の集客にもつながってくる。マネタイズのサイクルを回していく。

Chapter

5

“グローバル投資家の目”で資産形成を始める

40

資産形成の第一歩は自分に合った「投資」を行うこと

第4章では、仕事などで培ってきたスキルを活かしてオリジナルの商品やサービスを作り、ビジネスオーナーを目指すための方法について述べてきました。

続く本章では、40代だからこそ身に付けておきたい資産形成の方法論や考え方をお伝えしていこうと思います。

そもそも**資産形成とは、あなた自身のライフプラン（人生設計）を立てた際、それを実現する手段として不足のない資金を得ること**だと捉《とら》えてください。

当然ながら、ライフプランの細部に関しては人それぞれで大きく異なります。その一方、資産形成には、すべての人が意識すべき考え方があるのも事実です。

平均寿命が2020年まで9年連続で過去最高を更新したほど、日本は他国に類を見ないくらいの超高齢化社会を迎えています。すでに男性の4人に1人、女性の2人に1人は90歳まで長生きする時代であり、2040年には高齢者男性の約4割が90歳まで生き、同女性の2割が100歳まで生きると想定されているほどです。

こうした背景を理解して、人生をまっとうするまでお金の心配をすることのない「投資」を行うことが資産形成には必要という意識を持つようにしてください。

ちまたには、インパクトを狙っているのか、短期ですぐに稼げるという投資の情報が溢《あふ》れています。ただし、そうした情報に関心を持つ前に、それはあなたにとって本当に再現性のある投資なのかどうかを、じっくりと考えてみるべきです。

現実としては、この手の情報に飛びつくよりも、長期の目線でしっかりと資産を上昇させ続けることを目的とした学びこそが大切で、それが実現できるように投資を行い、資産形成をする必要があると僕は思っています。

しかし、経済の動きは常に変化しており、「これさえしておけば問題はない」という状況は、この世のなかには存在しません。そこで大事なのは、その時々で判断できる能力や、傾向を摑《つか》みながら稼げるお金のリテラシーなのです。

資産形成というと、大多数の人が「今ある資産をどう運用するか」に目を向けるという現実があります。しかし、**運用方法よりも大事なのは、資産形成の前段階で複数の活動拠点を持つという選択肢を設定し、日本円以外にも資産を分散しながら、どこででも仕事ができる環境を作り、稼げるようにすること**です。

この考え方はとても大切なので、要点を次にまとめてみました。

①日本以外でも暮らせる状況を作ること

②外貨を持つこと

③世界のどこででも仕事ができ、稼げる状況を作ること

これら3つの条件は、これからの時代、資産形成を実践する上で非常に重要な考え方となっていきます。

よく見ると、どれもが日本を遠ざけるような内容になっていると思うかもしれません。しかし、当然ながら、日本を否定する意図はまったくありません。日本人である僕は日本が大好きですし、これまでずっと日本で暮らし生活を営んできたため、日本との縁は切ろうとしても切れません。ただし、資産形成となると、どうしても日本と距離を置かざるを得なくなってしまうのです。

僕が大事にしている自分自身のあり方の1つに、**「パーマネントトラベラー」（永久の旅行者）**があります。

パーマネントトラベラーとは、どの国に居住するかを限定せず、合法的に納税義務から解放されたライフスタイルを貫き、国家の枠にとらわれずに自由を求めて世界を旅する独立した個人のことです。

今のこの時代において、世界中の様々なツールやデバイスを使い、毎日を豊かに暮らしていけるのに、お金のことだけはすべて日本拠点とするのは、どう考えても理にかなっていません。事実、僕はその固定観念を取っ払うことで、より円滑な資産形成ができています。

常に経済や時代の流れを考えてポジションを取る必要があるのです。特にお金の流れを考えた場合、今や日本のみを対象にしているだけではリスクが高過ぎます。

実際のところ、日本円の価値はこれからも目減りしていく運命にあると僕は強く感じています。

その原因の1つと言えるのが、深刻さを増す少子高齢化の問題です。僕は長年、在宅の診療所のクリエイティブディレクターを務めてきたので、どれだけ日本が超高齢化社会に向かっているのかを肌で感じています。

僕らの世代が納めている公的年金の掛け金や健康保険料は、今の高齢者の人たちを支えるためのものであって、その大部分が、自分の将来のために積み立てているものではありません。それだけに、この問題によって今の日本の社会保障は将来的には不安定になる可能性が高いと考えています。

この先、高齢者世代の比率が高くなり、現役世代では支えきれなくなることは、はっきりしています。したがって、これからも高齢者世代が自分たちで負担する額は増えるでしょう。事実、2022年10月には75歳以上の後期高齢者の医療費の負担割合が見直されています。

こうした流れはすでに全世代に波及し、僕らの世代が払う国民年金の保険料も年々増額しています。その一方で、高齢者が受け取る老齢基礎年金や老齢厚生年金は2004年から減額傾向が強まっています。

少子高齢化によって老後の収入は減り、その半面、支出が増えていくのは明らかです。将来、豊かで理想的な老後を迎えるためには、できる限り大きな資産を築いていかなければなりません。

となると、日本以外での活動ドメインの構築がどうしても必要になってきます。これだけ多様化が進んでいる時代、日本国内だけに視点を留《とど》めておくのはチャンスロスでしかないと思います。

チャンスロスを避けるには、**日本以外で暮らすという選択肢を「もはや普通の行動」と捉えることが大切です。**かつては「日本の外に出ていく」＝「移住」というイメージがあり、日本にはもう帰ってこないというイメージも伴いました。しかし今、それは過去のものとなっています。

例えば東南アジアであれば、距離的にとても近く、東京の人が新幹線に乗って博多《はかた》まで行くという感覚で日本と現地を行き来してもいいのです。実際に、国内を移動するような気持ちで東南アジアと日本の両方に拠点を持ち、デュアルライフを送っている日本の人たちはすでにたくさんいます。まずは「日本だけを見る」という単眼的な姿勢を変えてみることが重要です。

本当に「日本一択」でいいのか

僕は今、マレーシアのクアラルンプールにもう1つの拠点を持とうとしています。その理由は、13歳になる僕の長男が2023年から現地のインターナショナルスクールに通う予定だからです。

クアラルンプールのインターナショナルスクールの魅力の1つは、何と言っても学費の安さと言えます。アメリカのインターナショナルスクールに通う場合の、3分の1の金額で通えるのです。

具体的な金額を明かすと、年間の学費は80万円程度から通うことができます（2023年11月時点）。学校では、中国語、マレー語、英語、スペイン語、フランス語を話すための語学プログラムが組まれているため、日本語ネイティブの長男は、18歳で卒業するまでには6カ国語を操れるようになっていると思います。

それを考えると、クアラルンプールでインターナショナルスクールに通うのはとても効率がよく、教育費の使い方としてもコスパが断然にいいのです。この額なら、お金持ちでなくとも日本の私立の学校に通わせるような感覚で子どもをインターナショナルスクールに通わせることができます。外国に目を向けることで子どもの教育の可能性も広がります。

マレーシアは日本に比べると生活費が格段に安く、暮らしやすいのも魅力と言えます。

衣食住は日本よりも安く、交通費も割安です。となると、そこに住んでいるだけで資産が増えるというアドバンテージも得られます。

従来の考え方に縛り付けられることなくフットワークを軽くし、その時々でベストなロケーションを見つけて動いていくと、世界中に居場所が見つかります。こうなるとともう、自分の視野は無限に広がっていきます。さらにそのメリットは、将来にわたって自分や子どもにプラスの影響をもたらしてくれるのです。

日本一択にはしないという視点は、子どもの教育だけに当てはまるものではありません。資産形成をする際にも、外国という選択肢を視野に入れ、ライフプランと合わせて見直しましょう。

例えば、これから先、どのタイミングで、どのようにリタイアしたいのか、またはどのタイミングで、どれくらいの費用を子どもの教育にかけたいのかなど、それぞれの状況を考えていくと、自分が取るべき資産形成のスタイルが見えてくるはずです。

自分の頭と体を使って金融に関連する制度の意味を考え、自分の人生設計にとって有利な選択をしていくことは、何歳になっても大切なことで、いつからでも始められます。

実際に、日本だけを視野に入れて暮らしていきたいと思う人もいると思います。そうであれば、定番のｉＤｅＣｏや新ＮＩＳＡを活用しながら、資産形成をしていくのも得策かもしれません。

しかし、歳を取って増やした資産を取り崩そうとしたとき、果たして投資した分にふさわしいリターンは得られるのでしょうか。ここが重要なポイントです。

iDeCoや新NISAは、海外を視野に入れて金融リテラシーを高めている人からすると、日本国内への人材とお金の囲い込みのように映る側面があります。このことは、誰もが実際に知っておくべき事実です。

日本の税金は、これまでずっと上がり続けています。３％だった消費税は、10％にまで上昇してきました。その一方で、給料は30年間増えることなく、多くの企業では据え置きのままの状態です。しかも、物価自体が上がっているので、豊かさを感じる機会はどんどんと減っています。日本は今や、そういう経済状況にあります。

確かに治安はいいし、食べ物も美味《おい》しく、文化も豊かで国民も親切です。日本には本当に素晴らしい側面が多い。それは決して否定しません。

実際に、僕自身も日本の仕事で稼いだお金については、日本の納税義務に従い、税金を納めています。

ただし、投資家目線で制度を捉えたときのデメリットにも目を向け、日本以外のプラスアルファの選択肢を持つことを今後の戦略とすることも大切です。その姿勢を取り入れて、未来志向的に動いていくべきだと僕は考えています。その考えに沿って、僕は外国の対象へ投資し、資産形成するようにしているのです。

NEW HABIT
29
新習慣

日本以外で暮らすことを当たり前に考えてみる。投資家の目線で海外の情勢や制度にも目を向けよう。

投資は長期目線で行う

お金について話すとなると、やはり「投資」の話題は避けられません。投資に対する僕の姿勢は、ギャンブル性を極力なくし、長期で行うというものです。内容としては、米国株や高配当株をはじめ、コモディティや暗号資産に投資をしています。ただし、すべての資金を長期投資に割り当てているわけではなく、1割程度は短期投資に回すこともあります。

若いころから投資を始めれば、時間の経過と共に徐々に資産は増えていきます。ところが、40代以降から投資を始めるとなると、若いころから始めた人に比べて、長期投資の〝うまみ〟はどうしても薄まってしまいます。とはいえ、一発逆転を狙ってギャンブル性の高い短期の投資商品に手を出す人がいるのですが、残念ながらその多くが失敗します。

投資では、できるだけたくさんの情報を集め、自分の目的に合わせて判断をすることがとても大切です。短期によるギャンブル性の高い投資は「取引」です。それとは違い、長期で運用することが「投資」なのです。

確かに、取引でも投資でも、その両方にリスクはあります。それでも、40代のあなたがより確実な資産形成を求めるのであれば、再現性の高い長期投資の方法を探し、それを総合的に見ながら自分に合った傾向を見極め、その方法をひたすら実行することをおすすめします。

ただし、自分に合った投資の方法を探し求める際には、SNSの情報や、「すぐに簡単に儲《もう》かる」「頭を使わなくても成功する」といった文句に踊らされないことが重要です。人によって資産の内容も違えば、ライフスタイルや目的、ゴールも違います。それだけに、何も考えずに安易に他人と同じ手法を選ぶと大きなリスクを抱えることになりかねません。投資にはリスクがつきものですから、自分の目的に合わせた選択が絶対に必要なのです。

大事なのは、たくさんの情報を自分で見極められる「金融リテラシー」であり、これからの時代は特にそれを養うべきだと僕は強く感じます。

先にも触れたiDeCoや新NISAについて、僕や僕の周りの海外投資家でエントリーしている人は1人もいません。その理由は、自分たちの最終的なゴールが日本にないことに加え、イグジット（出口）を日本円にすることにリスクを感じているからです。

だからと言って、iDeCoや新NISAをしないほうがいいと言っているわけでは決してありません。僕がここで言いたいのは、自分の目的とゴールによって、何を選ぶかは大きく変わってくるということです。

先ほどからおすすめしている長期投資ですが、それについて知りたいのであれば、まずは「長期投資」というキーワードでグーグル検索してみてください。すると、ニュースサイトや解説付きの動画がいくつも出てきます。

あまりにも数が多いので、どれを開いたらいいのかおそらく迷うはずです。その場合は、タイトルの言葉が刺激的でインパクトがあるとか、再生回数が多いといった基準で選ぶのではなく、まずは気になるものを総括的にチェックして、記事や動画で語られている内容の傾向を見極めるようにしてください。

実際に、僕がよくチェックしている情報源を紹介しておきます。

- ブルームバーグ

- CNBC
- 日本経済新聞
- YouTube・高橋《たかはし》ダンさん
- YouTube・後藤達也《ごとうたつや》さん―経済チャンネル
- YouTube・投資家養成チャンネル―Joe Takayama
- YouTube・（社畜から）31歳でFIREしたゴリ（米株・仮想通貨・パウエル議長スピーチ翻訳）

YouTubeやSNSで情報発信をしている投資系のインフルエンサーのなかには、20代で投資に成功し、財産を手にした人も大勢います。しかし、彼らの投資方法は投機的なものだったり、その人個人の独特なスキルによるものだったりするので、再現性は低いと言わざるを得ません。したがって、40代の人の投資方法としては、リスクが高過ぎます。

では、40代はどんな投資をするべきなのでしょうか。やはり、リスクを少しでも下げることを考えるべきです。守備を固めながらも、資産を積み上げるポートフォリオを形成していくのが理想だと思います。

その方法については、次の項目で詳しく説明していきましょう。

守備を固め資産を積み上げるポートフォリオ

40代が実践すべきなのは、「守備を固めながらも、資産を積み上げるポートフォリオ」です。

そんなポートフォリオを構築するには、何をすればいいのでしょうか。

資産形成というと、比較的リスクの少ない「インデックスファンド一択」というフレーズをSNSなどでよく目にします。しかし僕は、まったくそうは思いません。

インデックスファンドの背景を考えればわかるとおり、基本は金融機関がお金を儲けるために作った金融商品なので、インデックスファンドを買うと、当然、コスト（手数料）がかかります。このコストもリスクの1つと考えてください。

では、僕は今、何に投資しているのでしょうか。それは、ETF（上場投資信託）です。

その理由は、インデックスファンドよりも低コストの場合が多いからです。

一度に掛かる手数料は小さくても、長い目で見ると大きな差が出てくるのは誰にでもわかります。自分の資産を増やすには、手数料のような細かいコストにも目を配ることが重要なのです。

ＥＴＦと言っても、様々なものがあります。それらのなかでも僕は、特に純資産統計額の大きなものに注目し、それらに分散投資をしています。「trackinsight」というサイトは便利です。

参考までにお伝えすると、僕のポートフォリオの特徴は「長期投資＋自分の興味関心のある分野への投資」を組み合わせているところです。特に現時点では、暗号資産や生成ＡＩなどのテクノロジー分野に興味関心があるため、それに関連する金融商品や銘柄にも一部注目しています。

ただし、自分の好きな分野なら、何にでも投資するということではありません。将来、人類にインパクトを与える期待値の高い分野に投資するというスタンスも、僕は大切にしています。

そうすることで自分もその分野に関する知識を学べるので、単なる投資ということ以外に、自己投資としても非常に有益だと考えているのです。

全体としては、6割弱を株式・社債・不動産（先進国・途上国・ドル建て・円建て・他通貨建て）、4割弱を金・銀・プラチナ・ビットコイン、そして現金（銀行預金）を1割弱という比率にして1年で必要となる生活費を賄っています。

ポートフォリオを構築する際には、個人の考え方が大いに影響すると思います。その考え方の中身をしっかりと整理した上で、現時点での自分の資産状況も考慮に入れながら、ポートフォリオを作っていくといいでしょう。

具体的な方向性が決められない場合は、信頼できるファイナンシャルプランナーに見てもらうのもよいかもしれません。

ファイナンシャルプランナー選びで意識したいのは、自分の資産よりも圧倒的に大きな資産を築いている人を選ぶことです。その理由は、**資産の規模によってプランニングが大きく変わるため、いくらお金の知識やセールストークが優れていても、自分よりも大きな資産を持っている人でないと、再現性のある的確なアドバイスを受けられない場合があるからです。**

ファイナンシャルプランナーによって、実戦で運用できる知識と経験、スキームの内容はまったく違ってきます。

仮に自分が現時点で大きな資産を持っているとしたら、相談先をファイナンシャルプランナーからプライベートバンカーに変更しない限り、本来得るべき実効性のある助言を期待するのは難しいでしょう。


僕の場合なら、ファイナンシャルプランナーにアドバイスをもらうよりも、自分が信頼するメンターに相談をしたり、傾向を確認したりします。もしくは、投資家のコミュニティに参加して、様々な情報を自分で手に入れる努力をするでしょう。

ただし、この方法を取り入れる際には、当然のことながら、自分と同じライフプランを組み立てている人は存在しないと強く認識しておくべきです。他人が成功した投資をしたからといって、そのすべてが自分に当てはまるわけではありません。参考にするのはいいのですが、同じような投資方法で自分も成功できると考えるのは間違いです。

「心はホットでも、条件にはクールであれ」

この姿勢が投資では欠かせません。投資には必ずリスクがあるのです。

そのことを肝に銘じ、自らのライフプランに合ったポートフォリオを自分の頭で考えながら作っていきましょう。

NEW HABIT 30

新習慣

情報網を広げて金融リテラシーを高めながら、自分の資産ポートフォリオを模索し続ける。

世界のトレンドを掴む

本章の冒頭で掲げた資産形成の3つの条件の1つ目として、「日本以外でも暮らせる状況を作ること」を挙げました。

とはいえ、「興味はあるけれど、自分にはできない」と思っている人も多いことでしょう。そんな方たちにアドバイスしたいのは、**「最初から完璧《かんぺき》にしようとはせずに、試行

錯誤しながら始めていけば、絶対にできる」ということです。

たった10年前と比べても、今は当時とは時代が違います。時代の移り変わりのスピードはこれからさらに速くなるでしょう。状況は目まぐるしく変わるのです。今からスタートすれば、必ず自分が望むような環境を作ることは十分できます。要は、第1歩を踏み出すか、踏み出さないかの違いだけなのです。

「日本以外でも暮らせる状況を作ること」と言っても、すべてを「外国目線に変えよう」というわけではありません。

実際のところ、ドバイに拠点を持ち、身分証明書を所持する僕ですが、日本でもよく活動しています。ただし、大多数の人と大きく異なるのは、仕事の報酬の大半をドルやディルハム（ドバイの通貨）で入ってくるように仕組みは変えているという点です。

大切なのは、お金にしても、自分の体にしても、1カ所に留まらないようにしておくことなのです。

世界をすべて見て回ったわけではありませんが、日本はとても安全で、サービスのクオリティも高く、日本以上に住みやすい国はないと思っています。日本の環境や食事、安全性は世界の国々の中でも優れたものです。税を日本に納め続ける意義も、日本人としてもちろん存在することは付け加えておきます。

ただし、**居心地のいい日本の社会に浸《つ》かり切っていると、リスクやチャンスを察知する感度やサバイバル能力は低下するばかりで、体や脳がなまってくるという弊害がある**と僕は考えています。

一方、**1年のうち一定の期間を外国で過ごしていると、新鮮な感覚が失われることはありません。今世界でうごめいている人口ボーナスやメガトレンドといったビッグデータを把握しながら、チャンスを取りこぼさないようにするには、やはり外国に目を向ける必要があるの**です。

では、現時点で注目すべき場所はどこになるのでしょうか。僕が関心を持っているいくつかの場所を紹介してみましょう。

まずは**中東**です。やはりこれからも世界の中心になるのではないかと強く期待しています。ドバイだけでなく、サウジアラビアの都市も発展しており、注目度が高まります。

アフリカ圏では**エジプト**にも期待しています。人口ボーナスで経済が大きく上向いているエジプトは魅力的な場所の1つになるかもしれません。首都カイロの人口はこのところずっと増え続け、首都の隣に新たな都市としてニューカイロが建設されています。それでも流入する人口を受け入れきれず、さらに隣に新しい都市を建設し、そこを新首都にすると政府が発表しているくらいです。

カイロはドバイよりもヨーロッパに近く、古い都市なのでインフラに関しては、今後さらなる成長が見込めると思っています。また、英語もよく通じるため、急速に発展する可能性は十分に考えられます。ただし、税制面がドバイと異なります。

カイロでは、法人所得税は22・50％、不動産税は賃貸料価額32％相当額を控除した金額に対して税率10％が適用されます。9％の法人税のみで個人に対する所得税のないドバイのほうがはるかに好条件を備えています。

とはいえ、アフリカ大陸とヨーロッパ大陸の結節点という地の利を考えれば、この先エジプトは大きく変貌《へんぼう》するかもしれません。

ある地域に興味を持ったときは、実際に現地に足を運ぶことが大事です。近くに行くタイミングがあれば、実際にそこを訪れ、自分の目で状況を確認するようにします。

アジアでは、**インド**も魅力的です。インドも人口ボーナスに沸いており、経済は堅調に上向いています。ただし、宗教色が強すぎて、残念ながら僕にはまだ入口が見えてきません。

他の地域も見ていきましょう。

一時期、**マレーシア**が海外拠点として注目を集めた時期がありました。しかし今は、かつてのような魅力はなくなってきているようです。

理由としては、ビザの取得が難しくなってきていることが挙げられます。マレーシアに拠点を置く場合、ＭＭ２Ｈ（長期滞在ビザ）やラブアン法人ビザ（ラブアン島に法人を設立することで取得できるビザ）を取得するのが一般的ですが、ＭＭ２Ｈの条件はより厳しくなっています。

また、ラブアン法人ビザについて、法人登記とビザ取得の初期費用におよそ１万米ドルがかかります。現地スタッフ２名の人件費を含む１万２０００米ドルの年間維持費がかかりますし、法人税率３％の適用を受ける場合、年間でおよそ２万２０００米ドルを超える出費となります。

ビザだけを考えればマレーシアよりも条件がいいのは、隣国の**インドネシア**です。この国は、物価が安く、治安もいいので好む方もいるでしょう。

インドネシアの場合、現在は約2000万円の預金証明があれば「セカンドホームビザ」が取得できます。

また、インドネシアのバリには、調理に使う火は地元の農場のおがくず燃料を使用するなど、世界一エコなインターナショナルスクール「グリーンスクール」があるので、その分野で子どもの教育に力を入れたい人にはおすすめかもしれません。

また、**タイ**には長期ビザの「タイランドエリートビザ」があります。タイが好きな人は、こちらも選択肢の1つになるでしょう。

それ以外では、**フィリピン**もおすすめです。英語が広く使われているので、英語の習得を同時に目指す日本人には海外生活の入口として最適ではないでしょうか。

基本的な考え方としては、拠点にしようとしている国の発展具合、人口動態、住み心地、自らのライフプランをすべて考慮に入れて、場所選びをしていくといいと思います。

僕の場合、ここから数年は子どもの教育が重要なので、マレーシアを選びました。子どもが通うインターナショナルスクールの質の良さ、授業料のリーズナブルさは、一定程度ある環境的な悪条件を十分にカバーしてくれます。

人によっては、自分の仕事に焦点を当てるかもしれませんし、税制面を重視する場合もあるでしょう。その時々によって、自分にとってベストの場所は変わるので、その都度敏感になって情報を集めていくことが大切です。

ドバイに拠点を持つことで感じるメリット

「ドバイはいい」といくらすすめられても、ネガティブなイメージを思い浮かべる人もいるかもしれません。

訴追されたインフルエンサーが以前に滞在していたり、ネットビジネスや暗号資産で短期間のうちに儲けた人が贅沢《ぜいたく》な暮らしをしていたりといった印象がやたらとメディアによって広められて、眉《まゆ》をひそめる人が増えたのも事実です。

ただし、それらはあくまでも一面を表したものであり、当然ながら、それがすべてとは言えません。実際に住んでみると、ドバイには魅力がたくさん存在します。

親切な人が多いのもドバイの利点です。これまで僕は色々な国を訪れてきましたが、子どもや老人にあれほど優しい国はなかなかありません。街中で子どもに話し掛けてくる気さくな人もたくさんいて、そのたびに居心地の良さを感じます。

お酒が簡単に手に入らないのもメリットの1つです。日本にいるときと違い、飲酒に時間を割くことはなくなりますし、二日酔いに悩まされることもありません。

ドラッグはほぼ100%目にすることはなく、銃の保持も禁じられています。

こういう国柄なので、**子どもが1人で歩いていても安全ですし、全体的な治安は日本よりもいいくらいです。すべての要素を考え合わせると、ドバイは本当に住むにはいい場所**だと思います。

確かに居住費は高いかもしれません。しかし、それ以外は工夫をすれば、どうにかやり繰りできる範囲のものです。物価について言えば、野菜は日本よりも安いですから、自炊をすれば家計の負担を軽減できます。

ドバイに限りませんが、外国に身を置くことで、自分の心の奥深くに潜む様々なバイアスが取り除かれていくのを感じたりします。ドバイであれば、砂漠地帯がもの凄《すご》いスピードで開発され、みるみるうちに都市が出現するのを目の当たりにできるのです。

さらなるドバイの利点は、やはり税制面と言えます。先ほども触れたとおり、ドバイでは所得税はなく、法人税の9％しか税金がかかりません。日本では所得金額に応じて、最低税率5％から最高税率45％が適用されます。所得が少なくても5％もの税金が課されることを考えると、ドバイの税制面での魅力は絶大です。

税制面だけでなく、国際的であることもドバイを特別な場所にしています。世界中から人が集まってきているため、自分の視点を外に向けていられるのです。

滞在ビザの取得自体は、それほど難しくありません。ビザ取得と同時に現地のＩＤも入手することができ、銀行口座も開けます。法人も簡単に立ち上げられるので、海外拠点にするにはかなりいい条件がそろっているのです。

ビザを取得したあとは、半年に1度の入国実績を残すことを条件に、自分の法人活動の拠点をより好条件の環境に移すことも可能です。こうした環境が整えば、ドバイの税制である法人税を9％払うだけで、資産をドバイに置いたまま、世界中どこでも好きなところに住めるのです。こうした税制が成立しているのは、ドバイが発展し続けているからに他なりません。

ドバイに限らず、世界の国々を見るときは、人口ボーナスに目を向けてください。人口が年々増えている国や地域は間違いなく将来的に発展していきます。

国や地域が発展するということは、人が世界中から集まって来ることを意味するので、タイミングさえ逃さなければ必ずビジネスチャンスに巡り合えます。また、自分の人生にとって非常に意味のある出会いにも恵まれるでしょう。

こうしたメリットがあるので、僕はしつこいくらいに**「日本の外にも目を向けましょう」**と言っているのです。

そういう意味で、ドバイの魅力はまだまだ廃れません。ドバイには新たな人材がどんどん入ってきて、新たな動きが常に生まれています。あのスピードとダイナミックさは、残念ながら今の日本では味わえないものです。

日本にいるだけでは想像もできなかったチャンスに触れられて自己バイアスがなくなると、物事に対する感度が高まり、それがきっかけで新たな考え方へと導かれることがあります。

例えば僕の場合、エジプトやサウジアラビアについての考え方を完全に変えることができました。中東の発展やアフリカの人口ボーナスに着目できたおかげで、これらの国のポテンシャルに気付けたのです。

NEW HABIT
31
新習慣

税制や人口ボーナス、子どもの教育面など、世界に目を向けることで得られる情報は多い！

外貨を持つと金融リテラシーは高まる

次に、資産形成のベースの2つ目である「外貨を持つこと」について触れていきましょう。

僕は以前、仲間と共に「自分のお金はどこに預けるか」をテーマに議論したことがあります。

当時の僕は、何を疑うでもなく、日本の銀行にすべてのお金を預けていました。オフショア（海外）に銀行口座を開き、そこに預けるという発想は少しもなかったのです。そのため、「海外に銀行口座を開くって、どういうこと？」というレベルから、議論はスタートしました。こうした議論の場を何度も経て、「外貨を持つこと」について知識を増やしていったのです。

お金を入れる、入れないは別として、それまでの固定観念を覆すためにもまず海外の銀行に口座を開設してみるのは、とても貴重な経験になります。

僕自身、実際に挑戦してみると、海外では自由に銀行口座を作ることができないという事実にまず気付いたのです。

その後、海外の金融の実情をもっと知りたいと思うようになり、実際に香港に口座を開きました。さらに、海外に住む人に出会うたびに、外国人が銀行口座を開設できるのかを聞いていったのです。

そのうちに、段々と金融に対する僕の意識は変わり始めました。

特に大きな意識変化は、香港に銀行口座を開設し、自分が稼いだお金を預けたときに起きました。それをきっかけに、**「自分のお金を守るにはどうしたらいいのか」**を真剣に考えるようになったのです。

口座を開いてすぐ、僕はまず「香港の口座にあるお金を日本で使うとしたら、どうすればいいのか」という疑問を抱きました。さっそく調べてみると、香港の口座であれば、コンビニなどでUnionPay（銀聯）による支払いができることがわかり、香港に預けたお金を日本円に両替せずに直接使うという選択肢を手に入れたのです。

知識が増えていくにつれて、今度は日本の銀行に口座がある場合、外国で決済できるのかが知りたくなってきました。PayPayは？　メルペイは？　LINE Payは？　このように次から次へと疑問が湧き、それと同時に自分のお金の使い方や運用の仕方にも興味が出てきました。結果として、**僕の金融リテラシーは自然と上がっていったのです。**

かつてはお金と言うと、お札や硬貨（現金、または法定通貨）を意味していました。しかし今では、電子マネーのような別の種類のお金も使われるようになり、状況は大きく様変わりしています。

代表的な例が、暗号資産です。まだまだ現金主義が根強い日本では、暗号資産についての理解が進んでいませんが、海外に目を向けると、エルサルバドルなどではビットコインが普及し始めています。

ドバイの例を挙げると、暗号資産で給料をもらっている人もいます。また、アメリカの一部の地域では、すでに暗号資産での買い物の支払いが可能になっています。

日本とお金の常識が異なっていることの一例として、クレジットカードにも触れておいたほうがいいかもしれません。

現在、ドバイで僕が最も多く使っているのは、アラブ首長国連邦の政府所有銀行であるエミレーツNBDが発行するマリオットボンヴォイ・ワールドマスターカードです。マリオットボンヴォイは、世界的ホテルチェーンのマリオットの会員カードなので、マリオット系列のホテルに宿泊する際などに、様々な特典サービスを受けることができます。

日本国内で旅行やホテル利用をする人のなかには、マリオットボンヴォイ・アメックスのユーザーも多いと思います。このカードの魅力は、ANAやJALのマイルへの還元率が最大1・25%と高いことです。

ドバイに拠点を持つようになった僕は、それまで複数枚持っていたクレジットカードを一度整理しています。その際に解約せずに残すと決めたカードが、マリオットボンヴォイ・マスターカードでした。

マリオット系列のホテルはどこもカジュアルで、しかもリーズナブルなところがたくさんあります。場合によっては、ローカルのホテルよりもコスパが良かったりするため、かなり便利なのです。ポイント還元に加えて、カードにひも付いた定期預金口座に一定の金額を預けておくと、付与される金利がアップします。

世界の現実を少しでも理解したいのなら、お金に関するこうした環境の違いにも敏感になっておいたほうがいいでしょう。

NEW HABIT
32
新習慣

お金について視野を広げ、資産形成の選択肢を増やすために、まず海外に銀行口座を1つ開設してみる。

未来の資産形成に欠かせないのは「シェアする」という価値観

僕が、日本円だけで稼ぐことや、日本円だけを持つことに危機感を持つようになったのは、歴史を知るようになってからです。

日本はかつて、デフォルトを引き起こしたことがあり、しかも今後も引き続き人口減少と高齢化が進行していく状況は変わりそうにないため、資産形成的に100%安全な国だとは言えません。

実際、人口減少と高齢化の問題を抱える国の経済が発展した例はこれまでの歴史のなかで見られないのです。

それを知った上で資産形成をしようと思ったら、やはり日本以外の選択肢をしっかりと組み込んでおくべきです。

基本的なことになりますが、**これからの時代に必要な資産には、大きくわけて2つの形があります。それらは有形資産と無形資産です。**

有形資産とは、お金や不動産、ブランド品などといった目に見える資産を指します。

この資産は、資産形成を始める時期が早ければ早いほど、時間を味方につけられるという特性があります。

もう一方の無形資産は、目には見えませんが、それを所有していることでいずれ有形資産やお金を生み出してくれる資産です。例えば、**スキルや人脈、ネットワーク、経験、技術、ノウハウなど、自分の持っている知識や信頼、口コミなどはすべて無形資産に当たります。**

僕の場合、サロンやコミュニティの運営を通し、スキルを教えて収入を得ているので、知識という無形資産を運用していると言っていいでしょう。こうして僕は、無形資産を増やしています。

僕に限らず、自らの情報を発信するインフルエンサーの活動は、無形資産を構築しているのに等しいと考えられるのです。

もう1つ、未来を考える上でヒントになりそうな考え方を紹介したいと思います。

SNSが世界中に浸透した今、何かを「所有する」という感覚は地球規模で希薄化しつつあり、「シェアする」方向に変わってきていると僕は今、強く感じています。この

変化がさらに深まり、広がっていくと、所有からシェアを重視する価値観への移行はさらに加速し、「与えられる人」が幸せになる時代が到来すると僕は見ています。

僕自身にとっても、SNSを通して、これまですれ違うことさえなかった分野の人と出会ったり、誰かに人を紹介して新たな人脈資産作りの手助けをする機会が増え、誰かと何かを「シェアする」ことが当たり前になってきているのです。

こうした変化に触れるたびに、できるだけたくさんの喜びを他人とシェアすることが、豊かに生きていくためのカギになると感じるようになりました。シェアを重視する姿勢は、今後の未来に求められる人のあり方になります。

そうした生き方をするには、第1章で取り上げたコミュ力・モテ力が大きな武器になることは間違いありません。

100年時代のライフプランを設計する際には、こうした考えも頭の片隅に置いてみてください。

40代だからこそ好きな人と好きな場所で働ける

最後に、資産形成のベースの3つ目である「世界のどこでも仕事ができる状況を作ること」について触れていきましょう。

ここ数年、世界的なブームになっているのが、ノマドワーカービザを取得し、外国で働くという方法です。このビザは、リモートワークで収入を得ている人を対象に発行されています。「ノマドワーカービザ」もしくは「ノマドビザ」というキーワードを入れて検索すると、このビザを発給している国がたくさん出てくるので、興味のある人は調べてみてください。

ノマドワーカービザの発給国で、ノマドワーカーに人気の国の1つに**ジョージア**があります。僕自身、2020年に新型コロナ禍が始まる前から、ジョージアでノマドワーカービザを取得しようと考えていました。

ビザが比較的取得しやすく、Wi-Fi環境が優れている。しかも食事が美味しく、物価が安い……。これがノマドワーカーたちの間でのジョージアの評判です。街並みの景観も美しく、治安がいいので、住み心地はとてもいいのはすぐに予想がつきました。

親日的な国というのも、僕にとってはプラス材料の1つでした。
ところが、2022年にロシアによるウクライナ侵攻が始まり、ロシアの隣国であるジョージアにもその影響が押し寄せてきます。そのせいで、ジョージア移住はあきらめるしかありませんでした。

海外に拠点を置くことは非常に魅力的ですが、こうした予期せぬことも起こります。ただし、世界情勢については否《いや》が応でも敏感になれるので、悪いことばかりではありません。もっともリスクが高いのは思考停止に陥ることです。

誰かから情報を得られるようになるためには、ときに自分自身が動かなくてはなりません。僕の例を紹介してみます。

以前、ドバイで資産運用をしている日本人の方にお会いしたことがありました。その彼と、「次にブームがやって来そうな海外の都市はどこか」という話をしていたのです。そのとき彼は、「バンコクがいいって聞いたよ」と教えてくれました。

この話を聞いた僕は、彼がバンコクに視察に行く前にバンコクを訪れ、実際の状況を見てきたのです。しかも、見てきたままにせず、すぐに情報提供をしてくれたその日本人にバンコクに関する情報をシェアしました。

ここまですると、相手には「この人は自分が教えてあげたことをしっかりと受け入れて、実際に行動する人なんだな」という印象を持ってもらえます。こういう信頼関係が作れると、お互いにいい情報をシェアし合える仲間になれるのです。

これが60代、70代であれば、そうした情報や仲間から得られる刺激は必要ないかもしれません。ただし、まだ40代であれば、こうした関係を積極的に構築していくべきです。

それを実践することで、将来的にかけがえのないビジネスパートナー関係に発展していくかもしれません。目の前に転がる様々なチャンスを見逃さないようにしてください。

40代だからこそ、場所に縛られずに人生を設計し直すチャンスは誰にでもあるのです。

NEW HABIT
33
新習慣

1つの国にとどまることが安定ではない。世界を移動しながら、人とのつながりと資産を増やし、充実した人生を送ることに目を向ける。

おわりに〜コップにたまった水を腐らせるな！

40代の男性であれば、世間一般からすると、「おじさん」と呼ばれてしまうカテゴリーに入ってしまいます。

当の本人はまだまだ若いと思っていたのに、社会からカテゴライズされてしまい、気付けば、「オレも、もうおじさんだからなあ」などと言い、自発的に〝おじさん化〟していくのです。

もしも自分がこのパターンに当てはまっているなら、現状を変革する必要があります。

本書を通し、40代の人たちに伝えたかったのは、こうしたマインドを取り払おうということなのです。

僕を含めた40代にとって、この先の人生は様々な可能性に満ち溢《あふ》れたものになっていきます。

そこには、これまでの人生で積み重ねてきた知識や経験があるからです。

若いころの仕事の経験やスキルを活《い》かして新たな副業を始めたり、それを資産形成に結びつけていくことは十分可能です。

20代や30代以上に高いパフォーマンスを発揮することができるはずです。

2022年時点での日本人の平均年齢は、47・7歳です。つまり、40代は今、日本の人口のど真ん中にいます。老年期に達するまでには、まだまだたっぷり時間があるのです。

知識と経験、財力を備えた40代は、色々なスタイルで人生を楽しめます。

知識があれば、物事を多面的に理解することができますし、些細《ささい》なことで一喜一憂することもなくなるでしょう。

人付き合いの経験値があれば、それを恋愛に活かすこともできます。

異性にとっても、若くて経験のない人と過ごすよりも、経験と話題が豊富な人と付き合ったほうが楽しいはずです。

また、財力があるのは武器の1つです。40代ともなれば、ジムに通い、パーソナルトレーナーを付けることもできます。お金をかけてボディメイクをする余裕は、40代になったからこそ得られたものではないでしょうか。

トレーナーのアドバイスを取り入れ、効率的にボディメイクを行い、理想の体型を手に入れることができれば、仕事のパフォーマンスが上がるだけでなく、周囲の異性から好感を持たれ、いつまでもポジティブな思考で、健康にも人間関係にもいい影響が及んでいきます。


40代は、まだまだ若く、可能性に満ちているのです。

この意識だけは絶対に持つようにしてください。


すでに述べたように、2040年には高齢者男性の約4割が90歳まで生き、同女性の2割が100歳まで生きると言われています。

その状況を自覚して、ライフプランをアップデートしてみてください。「もう40代だ……」という考え方は捨て、「人生はこれからもっと面白くなる」という捉《とら》え方に変えていくのです。

本書で取り上げた「4つの軸」をフル活用し、バランス良く習慣を整えて行動しながら、レバレッジを利かせていきましょう。それにより、残された半世紀という時間を充実したものにしていくのです。

人生の後半戦ほど、面白いものはありません。

とはいえ、時間は無限ではありません。躊躇《ちゅうちょ》している暇はなく、まさに行動あるのみです。

本書で詳述した人間関係の構築、美容・美活、ボディメイク、資産形成は、費やした時間が長ければ長いほど、得られる成果も大きなものになります。

今から始めれば、人生の終盤までに多くの時間を投入することができるのです。

未来に後悔しなくてすむように、今すぐ行動を起こしましょう。

40代は9割9分ほどの水が溜《た》まったコップをいくつも持っている人たちだと思うと、わかりやすいかもしれません。

少しの工夫と知恵を加えることで、それらの水をコップいっぱいにし、そこから溢れ出た水を上手に使いながら幸せや富を実感していけるのです。それだけのものがすでに積み上がっていると捉えましょう。

問題は、そのことに気が付いていない人が多過ぎるということです。溢れそうなくらいの水が溜まっているのに、それを使わないまま腐らせてしまう人もいます。

これほどもったいない話はありません。

僕はかつて、メンターから「**人生の中盤だからこそ圧倒的な差別化ができる**」と教えてもらいました。そして実際に、40代で自分革命を起こし、大きく変わっていきました。**僕自身も変わることができたのです。ですから、どうかあなたも自分を信じてください。**どんな小さな1歩でも、必ずや未来を変える1歩になるのです。

大事なのは、とにかく今日から始めること。そうすれば、あなたの人生の形は確実に理想に近付いていきます。

自分の可能性を信じ、自分のあり方に磨きをかけ、資産を作り、美容を意識し、健康な体を作ってください。

自分の価値を最大限に活かして、自分の力で稼ぎだし、世界でポジションを取り、本当にやりたいことで生き抜く。そんな理想的な生き方は、40代だからこそ実現しやすいのです。

僕たちは今、テクノロジーの力を通じて様々なことが実現できる時代を生きています。おそらくこれから数年のうちに、これまで僕たちが行ってきた仕事はすべてＡＩがやってくれるようになるでしょう。**僕たち40代は、真に価値のあることだけに向き合うべきです。**

そのとき、人に好かれる力がかつてないほどの大きな威力を発揮し、あなたの幸福度を最大化してくれるはずです。

そんな時代の醍醐味《だいごみ》を楽しむためにも、この本をきっかけにして行動を起こし、自分の未来を大胆に変えてみてください。

そしてもし、変化の途中で僕の力が必要になったら、いつでも連絡をください。

僕は、自分の未来の可能性を信じて本気で変えていく、そんな面白い人たちとの出会いを常に待ち望んでいます。

最後になりましたが、この本はとても多くの人たちの協力と応援をいただき、出版することができました。この企画を実現してくれたKADOKAWAビジネス編集部の小川和久さん、また執筆を手伝ってくださったライターの野口孝行さんに感謝します。また、「この100年時代をいかに若々しく面白くできるか」という考えを僕に授け、自分革命を起こすきっかけを与えてくれたIKEOJI LAB所長のヒロさん、ヨシさん、そしてIKEOJI LABのメンバーの皆さんに感謝します。

僕が運営するYouTubeやSNSをフォローしてくださっている方々、さらにこの本を手に取って読んでくださった方々にも感謝の気持ちを送ります。

この本が読者の皆さんの自分革命のきっかけとなり、1人でも多くの人が自分の理想とする未来を手に入れられるよう、心から願っています。

ヒデ（大嶋英幹）

2023年11月

本書の執筆にあたりさまざまな場面で、
「IKEOJI LAB」のメンバーおよびスタッフ、
以下の方々に多くのご助言をいただきました。
ここに感謝の意を表します。

IKEOJI LAB所長HIRO、田村宜丈、品田一世、
31歳でFIREしたゴリ、衛藤信之(日本メンタルヘルス協会)、TAE、YUJI、
美容整体のうちやま先生、蒼山桜子、藤野淳悟

ヒデ（大嶋英幹《おおしまひでき》）

海外起業家。1979年生まれ。デザイン専門学校卒業後、広告業界に就職。29歳で鎌倉にデザイン会社設立。デザイン、CM・VPの映像監督、ウェブサイト・クリエイティブディレクターとして活動。大手メーカーヒット商品のディレクションを行う（累計800件以上）。映画監督として2018年以降「ヒノイリの風」が世界14賞受賞、日本の美意識を世界に広げることに取り組む。40代に入り人生後半の生き方に意識を向ける。中東、東南アジアを中心に起業家・投資家としても活動。

X（Twitter）：ヒデ　@Hidepon_Art

40代《だい》からの自分革命《じぶんかくめい》
幸福《こうふく》に生《い》きるための33の新習慣《しんしゅうかん》

2023年12月20日　初版発行

著者／ヒデ（大嶋英幹《おおしまひでき》）

発行者／山下直久

発行／株式会社KADOKAWA
〒102-8177　東京都千代田区富士見2-13-3
電話　0570-002-301（ナビダイヤル）

印刷所／TOPPAN株式会社

製本所／TOPPAN株式会社

●お問い合わせ
https://www.kadokawa.co.jp/（「お問い合わせ」へお進みください）
※内容によっては、お答えできない場合があります。
※サポートは日本国内のみとさせていただきます。
※Japanese text only

定価はカバーに表示してあります。

ISBN 978-4-04-606574-2　C0030